JOYFUL
FAMILY PLANNER
CONNECTING YOU, ME AND US

Genie Dawkins

PUBLISHING

JOYFUL FAMILY PLANNER

Joyful Family Planner by Genie Dawkins

Edited by Talib Jasir

Published by Not My Child, Washington DC 20011

www.joyfulfamilyplanner.com

© 2019 Not My Child Publishing

All rights reserved. No portion of this book may be reproduced in any form without permission from the publisher, except as permitted by U.S. copyright law. For permissions contact: family@geniedawkins.com

Cover & Interior Design Layout by Platusic Design Creative Studio
www.platusicdesign.com

Ebook ISBN: 978-0-578-43836-8D

DEDICATION

DEDICATED TO ALL THE PARENTS WHO WISH TO GIVE THEIR CHILDREN THE MOON AND THE STARS.

"There is nothing broken that needs to be fixed."

TABLE OF CONTENTS

Forward 6

Introduction 9

How to Use 10-11

Creating the Big Picture. 13

Month 1 14-97

Month 2 98-181

Month 3 182-265

Tracking Habits 266

You Rock! 267

Forward

The foundation of a child's sense of value and belonging is developed within the family dynamic. The stronger that foundation is, the more confidently your children will Show Up in the World. Family life can be chaotic and it is often difficult to be constantly mindful of actively engaging our children's sense of value, but there are so many small ways that we can be impactful every day. You can literally make your family environment your child's first think-tank experience. One of the most important things for children to know is that their ideas are significant. Even more powerful, is an understanding that they are uniquely capable of making their ideas real. When ideas become reality, it is the perfect cultivation of imagination, critical thinking and determination.

The Idea that is allowed to Grow

Leave little stacks of sticky notes around the house. Tell your children that they can place all of their ideas on a sticky note and stick it in a designated area of the house called the IDEA STATION (the refrigerator or somewhere in the kitchen tends to be a good place). Once they write down an idea, everyone in the family can add little notes that can help make the idea even better, which helps the idea grow. Make their latest idea the topic of dinner conversation or what you talk about while traveling in the car. Take pictures of your children working on their idea and paste it in the IDEA STATION. Put an apple in their lunch with a note that says "this is for extra brainpower to help your idea Grow." Have them call relatives out of town and tell them about the idea they are working on. Talk, talk, talk about their ideas! At least once a week let your child choose one of their ideas and help them try to make it real. Your children's ideas are a Big Deal. SHOW your children the VALUE of all of their thoughts and ideas and the power they have to make them happen. Once an idea has become reality, take all the notes and pictures from that idea and put them in a scrapbook. Then, allow them to move on to the next idea. This activity teaches children, from a very young age, that they are Creators. It shows them the power of their imagination and the impact of collaboration. It teaches them to put effort and consistency behind their ideas. There is nothing more powerful than a child with full confidence that they are capable of having a real impact on the World and it all starts with ideas that are allowed to GROW.

Ashia Ervin ~ Founder of Intuitive Genius

excerpt from, Ideas that are allowed to GROW

Welcome to the Joyful Family Planner

This journal is for the parent whose child has been diagnosed with an academic or behavioral diagnosis.

My name is Genie Dawkins and I am a parent advocate and alternative health coach. As a parent of four children with an array of academic and behavioral diagnoses of dyslexia, dysgraphia, autism spectrum disorder, and adhd. One of the first challenges I had to overcome and manage once my children were diagnosed, was that aching feeling that I must have dropped the proverbial ball. Understanding how to process the situation and move forward wasn't easy. I hardly had time to breathe between diagnosis and our day-to-day, lucky for me I am a trained and certified coach who knows a thing or two about setting goals to help manage our journey from chaos to calm. As we adjusted and adapted to our new lives of IEPs, counseling sessions, advocacy opportunities, etc., I did wish for one thing…a planner. A planner early on would have helped me stay focused on both my personal and family goals.
As well as, provide an opportunity for us to record our wins to look back on and appreciate during times when it didn't feel like we had much to celebrate.

"**There is nothing broken that needs to be fixed.**" This is an important fact you will be embracing during your journal experience. This is a 3-month journal planner comprised of weekly and monthly journal questions create a space of self-discovery and emotional release while setting goals for yourself and child.

How to Use This Planner

1. Before you start this journal use the Big Picture page to write down all of the tasks and goals for yourself and your family.

This space is where you are free to write down anything that comes to mind without having to think about when or how you will accomplish them. You can prioritize them in the monthly and weekly sections.

2. Each day, you'll be using the DAILY section. Start by filling out the "Morning Jumpstart" (preferably as soon as you wake up).

For tips on how to best use Affirmations, Mindful Moment, Gratitude, Exciting Experience, Exercise and more, go to joyfulfamilyplanner.com/bonuscontent

3. Fill in your top 3-4 priorities for the day

These are the NEED to do tasks that you have to complete today, and will help you stay focused.

4. List Personal and Kid's task

These are your errands or to-do activities that keep your world in order.

5. Fill out your daily Schedule

Start by filling in the things you must do, followed with a ME time moment for the day.

6. At night, fill out the Evening Release and next day's gratitude section

This is your moment to release any frustration that you experienced that day and let it GO. It's an opportunity to switch gears and focus...which, you can use to focus on the joyful moments of the day which you can use to complete your gratitude section for the next day.

7. Once per week, use the WEEKLY section to reflect on the past seven days and plan your upcoming week.

Complete journal prompts to review the previous week's accomplishments and to plan the next week's adventure.

8. Use the Monthly section to plan both big events and related family GOALS.

Goal creation is key to success, include your children as much as you can when creating your family goals. Complete journal prompts to create a mindful experience that will enhance your appreciation of your accomplishments and self-discovery.

9. Complete Challenges throughout the journal

These are activities that will help you with self-discovery, stress release, and connection with your family.

10. All the Way's You Rocked

Studies show self-appreciation boosts your confidence to accomplish goals. Take this time to APPRECIATE how awesome you are by giving yourself a pat on the back, whenever you accomplish a goal...big or small.

11. Habit Tracker

Keep track of the habits that you've completed daily to make permanent changes.

12. Join the Experience

This planner comes with a course to optimize your journal planner experience. You won't want to miss how you can get the most from your journal at joyfulfamilyplanner.com

The Big Picture

Instructions: Write down all of your individual and family goals below. This will be your reminder to help keep you on track over the next 90 days.

GOALS

KID'S GOALS

FAMILY HEALTH GOALS

Notes:

"Parents have become so convinced that educators know what is best for children that they forget that they are the experts." ~*Marian Wright Edelman, educator*

MONTH: _____

SUNDAY	MONDAY	TUESDAY	WEDNESDAY

FAMILY GOALS
1. _____
2. _____
3. _____

KIDS' GOALS
1. _____
2. _____
3. _____

PERSONAL GOALS
1. _____
2. _____
3. _____

THURSDAY	FRIDAY	SATURDAY

SELF-DISCOVERY

BEFORE I HAD KIDS, I LOVED TO _____
_____
_____.

THIS MONTH I WILL
_____
_____
_____.

LIVE LIFE

I'VE ALWAYS WANTED TO
_____
_____
_____.

THIS MONTH I WILL
_____
_____
_____.

This month's wins

This month I learned

FAMILY PLANS/PROJECTS

1.

2.

3.

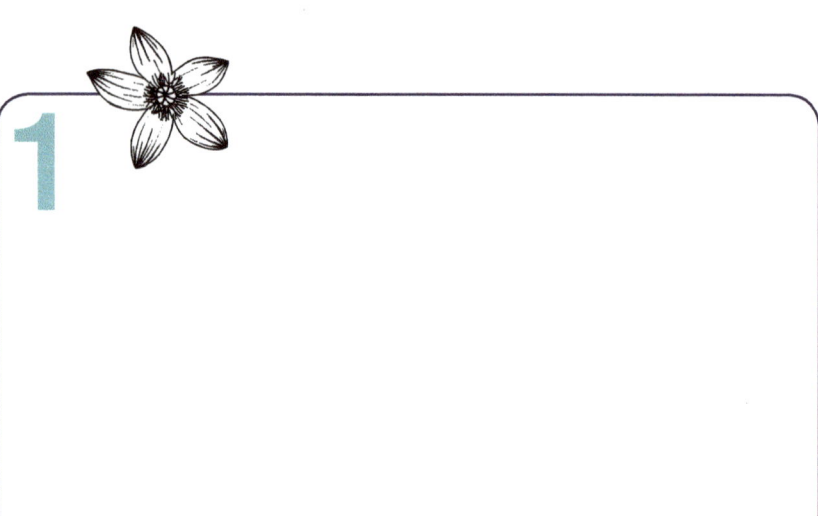

Morning Jumpstart

DATE: _____   DAILY HABIT: _____

Affirmation

I AM GRATEFUL FOR:

1. _____
   _____
2. _____
   _____
3. _____
   _____

EXERCISE

I'M EXCITED TO EXPERIENCE:

1. _____
   _____ by myself
2. _____
   _____ with my kid(s)
3. _____
   _____ with my friend/partner

KID'S EXERCISE

GET IT DONE PRIORITIES

PERSONAL TASKS
- ☐ _____
- ☐ _____
- ☐ _____
- ☐ _____
- ☐ _____

KID'S TASKS
- ☐ _____
- ☐ _____
- ☐ _____
- ☐ _____
- ☐ _____

SCHEDULE

6am _____
7 _____
8 _____
9 _____
10 _____
11 _____
12pm _____
1 _____
2 _____
3 _____
4 _____
5 _____
6 _____
7 _____
8 _____
9 _____

Evening Release

Joyful Moment

Today my child made me smile when _____
_____

Releasing Steam

The most frustrating thing that happened today was _____
_____

Tomorrow I will handle this situation by _____
_____

See Into Me

Today I saw myself within my child's uniqueness when I realized as a child/ adult I _____
_____

Winning Everyday

Today I was able to accomplish _____
_____

Morning Jumpstart

DATE: _____   DAILY HABIT: _____

Affirmation

I AM GRATEFUL FOR:	I'M EXCITED TO EXPERIENCE:
1. _____	1. _____
_____	_____ by myself
2. _____	2. _____
_____	_____ with my kid(s)
3. _____	3. _____
_____	_____ with my friend/partner
EXERCISE	KID'S EXERCISE

GET IT DONE PRIORITIES

PERSONAL TASKS
- ☐ _____
- ☐ _____
- ☐ _____
- ☐ _____
- ☐ _____

KID'S TASKS
- ☐ _____
- ☐ _____
- ☐ _____
- ☐ _____
- ☐ _____

SCHEDULE
- 6am _____
- 7 _____
- 8 _____
- 9 _____
- 10 _____
- 11 _____
- 12pm _____
- 1 _____
- 2 _____
- 3 _____
- 4 _____
- 5 _____
- 6 _____
- 7 _____
- 8 _____
- 9 _____

Evening Release

Joyful Moment

Today my child made me smile when _____
_____

Releasing Steam

The most frustrating thing that happened today was _____
_____

Tomorrow I will handle this situation by _____
_____

See Into Me

When I was sad as a child, I would _____ *and when my child is sad they* _____

Winning Everyday

Today I was able to accomplish _____
_____

Morning Jumpstart

DATE:_____ DAILY HABIT: _____

Affirmation

I AM GRATEFUL FOR:
1. _____
   _____
2. _____
   _____
3. _____
   _____

EXERCISE

I'M EXCITED TO EXPERIENCE:
1. _____
   _____ by myself
2. _____
   _____ with my kid(s)
3. _____
   _____with my friend/partner

KID'S EXERCISE

GET IT DONE PRIORITIES

PERSONAL TASKS
- ☐ _____
- ☐ _____
- ☐ _____
- ☐ _____
- ☐ _____

KID'S TASKS
- ☐ _____
- ☐ _____
- ☐ _____
- ☐ _____
- ☐ _____

SCHEDULE
- 6am _____
- 7 _____
- 8 _____
- 9 _____
- 10 _____
- 11 _____
- 12pm _____
- 1 _____
- 2 _____
- 3 _____
- 4 _____
- 5 _____
- 6 _____
- 7 _____
- 8 _____
- 9 _____

Evening Release

Joyful Moment

Today my child made me smile when _____
_____

Releasing Steam

The most frustrating thing that happened today was _____
_____

Tomorrow I will handle this situation by _____
_____

See Into Me

When I was a child I loved to _____ *and my child loves to* _____

Winning Everyday

Today I was able to accomplish _____
_____

DATE:_____

Take 10 minutes today and practice active mindfulness. As you are walking, eating, or driving turn off the distractions and think about the task you're doing and what you see, smell, and hear. Reflect below.

_____
_____
_____
_____
_____
_____
_____
_____
_____
_____
_____
_____
_____
_____
_____
_____
_____
_____
_____
_____

ALL THE WAYS I ROCKED

- [ ] _____
- [ ] _____
- [ ] _____
- [ ] _____
- [ ] _____

"Being a mother is learning about the strengths you didn't know you had, and dealing with fears you didn't know existed."

Morning Jumpstart

DATE:_____   DAILY HABIT: _____

Affirmation

I AM GRATEFUL FOR:
1. _____
2. _____
3. _____

EXERCISE

I'M EXCITED TO EXPERIENCE:
1. _____
   _____ by myself
2. _____
   _____ with my kid(s)
3. _____
   _____ with my friend/partner

KID'S EXERCISE

GET IT DONE PRIORITIES

PERSONAL TASKS
- ☐ _____
- ☐ _____
- ☐ _____
- ☐ _____
- ☐ _____

KID'S TASKS
- ☐ _____
- ☐ _____
- ☐ _____
- ☐ _____
- ☐ _____

SCHEDULE
- 6am _____
- 7 _____
- 8 _____
- 9 _____
- 10 _____
- 11 _____
- 12pm _____
- 1 _____
- 2 _____
- 3 _____
- 4 _____
- 5 _____
- 6 _____
- 7 _____
- 8 _____
- 9 _____

Evening Release

Joyful Moment

Today my child made me smile when _____
_____

Releasing Steam

The most frustrating thing that happened today was _____
_____

Tomorrow I will handle this situation by _____
_____

See Into Me

It's funny how my child does _____, *almost the same way I did as a kid*_____

Winning Everyday

Today I was able to accomplish _____
_____

Morning Jumpstart

DATE:_____ DAILY HABIT: _____

Affirmation

I AM GRATEFUL FOR:
1. _____
2. _____
3. _____

I'M EXCITED TO EXPERIENCE:
1. _____ by myself
2. _____ with my kid(s)
3. _____ with my friend/partner

EXERCISE

KID'S EXERCISE

GET IT DONE PRIORITIES

PERSONAL TASKS
- ☐ _____
- ☐ _____
- ☐ _____
- ☐ _____
- ☐ _____

KID'S TASKS
- ☐ _____
- ☐ _____
- ☐ _____
- ☐ _____
- ☐ _____

SCHEDULE
- 6am _____
- 7 _____
- 8 _____
- 9 _____
- 10 _____
- 11 _____
- 12pm _____
- 1 _____
- 2 _____
- 3 _____
- 4 _____
- 5 _____
- 6 _____
- 7 _____
- 8 _____
- 9 _____

Evening Release

Joyful Moment

Today my child made me smile when _____
_____

Releasing Steam

The most frustrating thing that happened today was _____
_____

Tomorrow I will handle this situation by _____
_____

See Into Me

My kid(s) find _____ *funny the same way I did as a child.*

Winning Everyday

Today I was able to accomplish _____
_____

Morning Jumpstart

DATE: _____   DAILY HABIT: _____

Affirmation

I AM GRATEFUL FOR:	I'M EXCITED TO EXPERIENCE:
1. _____ _____ 2. _____ _____ 3. _____ _____	1. _____ _____ by myself 2. _____ _____ with my kid(s) 3. _____ _____ with my friend/partner
EXERCISE	**KID'S EXERCISE**

GET IT DONE PRIORITIES

PERSONAL TASKS
☐ _____   ☐ _____   ☐ _____   ☐ _____   ☐ _____

KID'S TASKS
☐ _____   ☐ _____   ☐ _____   ☐ _____   ☐ _____

SCHEDULE

6am _____
7 _____
8 _____
9 _____
10 _____
11 _____
12pm _____
1 _____
2 _____
3 _____
4 _____
5 _____
6 _____
7 _____
8 _____
9 _____

Evening Release

Joyful Moment

Today my child made me smile when _____
_____

Releasing Steam

The most frustrating thing that happened today was _____
_____

Tomorrow I will handle this situation by _____
_____

See Into Me

When I was a child, I felt loved when _____
_____ I can tell my child feels love when I_____

Winning Everyday

Today I was able to accomplish _____
_____

Family Challenge

DATE: _____

Discover your child's love language at http://www.5lovelanguages.com/profile/ Reflect below.

_____
_____
_____
_____
_____
_____
_____
_____
_____
_____
_____
_____
_____
_____
_____
_____
_____
_____

ALL THE WAYS I ROCKED

- [ ] _____
- [ ] _____
- [ ] _____
- [ ] _____
- [ ] _____

"A child with special needs benefits from structure and a routine both in and out of the classroom." SPECIAL ED RESOURCE

Morning Jumpstart

DATE:_____   DAILY HABIT: _____

Affirmation

I AM GRATEFUL FOR:
1. _____
2. _____
3. _____

I'M EXCITED TO EXPERIENCE:
1. _____
   _____ by myself
2. _____
   _____ with my kid(s)
3. _____
   _____ with my friend/partner

EXERCISE

KID'S EXERCISE

GET IT DONE PRIORITIES

PERSONAL TASKS
- ☐ _____
- ☐ _____
- ☐ _____
- ☐ _____
- ☐ _____

SCHEDULE
- 6am _____
- 7 _____
- 8 _____
- 9 _____
- 10 _____
- 11 _____
- 12pm _____
- 1 _____
- 2 _____
- 3 _____
- 4 _____
- 5 _____
- 6 _____
- 7 _____
- 8 _____
- 9 _____

KID'S TASKS
- ☐ _____
- ☐ _____
- ☐ _____
- ☐ _____
- ☐ _____

Evening Release

Joyful Moment

Today my child made me smile when _____
_____

Releasing Steam

The most frustrating thing that happened today was _____
_____

Tomorrow I will handle this situation by _____
_____

See Into Me

When I was a child, I was afraid of _____ *and I recognize that my child is afraid of* _____

Winning Everyday

Today I was able to accomplish _____
_____

LAST WEEK REVIEW

"My heart flutters when I see my child's eye light up with wonder."

When you think about last week what are the 3 accomplishments that made you excited and joyful.
1. _____
2. _____
3. _____

This week I shared a moment with my kids and appreciated that they...
1. _____
2. _____
3. _____

Next week I will do these 3 things to accomplish my goals...
1. _____
2. _____
3. _____

Weekly Goals DATE: _____

FAMILY MANTRA: _____

Four corners of my life

- **SELF CARE:**
- **WORK:**
- **RELATIONSHIP:**
- **HEALTH:**

Child's corner of the world

- **ACADEMIC:**
- **FITNESS/HEALTH:**
- **SOCIAL:**
- **MY CHILD LOVES:**

This week I will try to _____

The habit I am focusing on this week is _____
_____

This week I am excited about _____
_____

As a family we will_____

WEEKLY ADVENTURE

Morning Jumpstart

DATE: _____   DAILY HABIT: _____

Affirmation

I AM GRATEFUL FOR:	I'M EXCITED TO EXPERIENCE:
1. _____	1. _____
_____	_____ by myself
2. _____	2. _____
_____	_____ with my kid(s)
3. _____	3. _____
_____	_____ with my friend/partner
EXERCISE	**KID'S EXERCISE**

GET IT DONE PRIORITIES

PERSONAL TASKS
☐ _____
☐ _____
☐ _____
☐ _____
☐ _____

KID'S TASKS
☐ _____
☐ _____
☐ _____
☐ _____
☐ _____

SCHEDULE
6am _____
7 _____
8 _____
9 _____
10 _____
11 _____
12pm _____
1 _____
2 _____
3 _____
4 _____
5 _____
6 _____
7 _____
8 _____
9 _____

Evening Release

Joyful Moment

Today my child made me smile when _____
_____

Releasing Steam

The most frustrating thing that happened today was _____
_____

Tomorrow I will handle this situation by _____
_____

See Into Me

When I was a child I disliked _____ *and my child dislikes* _____

Winning Everyday

Today I was able to accomplish _____
_____

Morning Jumpstart

DATE:_____   DAILY HABIT: _____

Affirmation

I AM GRATEFUL FOR:
1. _____
   _____
2. _____
   _____
3. _____
   _____

EXERCISE

I'M EXCITED TO EXPERIENCE:
1. _____
   _____ by myself
2. _____
   _____ with my kid(s)
3. _____
   _____with my friend/partner

KID'S EXERCISE

GET IT DONE PRIORITIES

PERSONAL TASKS
- ☐ _____
- ☐ _____
- ☐ _____
- ☐ _____
- ☐ _____

KID'S TASKS
- ☐ _____
- ☐ _____
- ☐ _____
- ☐ _____
- ☐ _____

SCHEDULE
- 6am _____
- 7 _____
- 8 _____
- 9 _____
- 10 _____
- 11 _____
- 12pm _____
- 1 _____
- 2 _____
- 3 _____
- 4 _____
- 5 _____
- 6 _____
- 7 _____
- 8 _____
- 9 _____

Evening Release

Joyful Moment

Today my child made me smile when _____
_____

Releasing Steam

The most frustrating thing that happened today was _____
_____

Tomorrow I will handle this situation by _____
_____

See Into Me

When I was a child my parent(s) always told me _____
_____ *and it made me feel* _____
now, with my child, I say _____

Winning Everyday

Today I was able to accomplish _____
_____

Morning Jumpstart

DATE:_____   DAILY HABIT:_____

Affirmation

I AM GRATEFUL FOR:
1. _____
2. _____
3. _____

I'M EXCITED TO EXPERIENCE:
1. _____
   _____ by myself
2. _____
   _____ with my kid(s)
3. _____
   _____ with my friend/partner

EXERCISE

KID'S EXERCISE

GET IT DONE PRIORITIES

PERSONAL TASKS
- ☐ _____
- ☐ _____
- ☐ _____
- ☐ _____
- ☐ _____

KID'S TASKS
- ☐ _____
- ☐ _____
- ☐ _____
- ☐ _____
- ☐ _____

SCHEDULE

- 6am _____
- 7 _____
- 8 _____
- 9 _____
- 10 _____
- 11 _____
- 12pm _____
- 1 _____
- 2 _____
- 3 _____
- 4 _____
- 5 _____
- 6 _____
- 7 _____
- 8 _____
- 9 _____

Evening Release

Joyful Moment

Today my child made me smile when _____
_____

Releasing Steam

The most frustrating thing that happened today was _____
_____

Tomorrow I will handle this situation by _____
_____

See Into Me

When I was a child my favorite time of day was _____
and my child's favorite time of day is _____

Winning Everyday

Today I was able to accomplish _____
_____

Personal Challenge

DATE:_____

Time-Travel - pick a genre of music/album that you loved to listen to when you were a teenager and listen to it for at least 25 minutes. How did that make you feel?

_____
_____
_____
_____
_____
_____
_____
_____
_____
_____
_____
_____
_____
_____
_____
_____
_____
_____
_____
_____

ALL THE WAYS I ROCKED

☐ _____
☐ _____
☐ _____
☐ _____
☐ _____

> *"Sometimes real superheroes live in the hearts of small children fighting big battles."*

AUTISM_LOVERS

Morning Jumpstart

DATE:_____   DAILY HABIT: _____

Affirmation

I AM GRATEFUL FOR:
1. _____
   _____
2. _____
   _____
3. _____
   _____

EXERCISE

I'M EXCITED TO EXPERIENCE:
1. _____
   _____ by myself
2. _____
   _____ with my kid(s)
3. _____
   _____ with my friend/partner

KID'S EXERCISE

GET IT DONE PRIORITIES

PERSONAL TASKS
- ☐ _____
- ☐ _____
- ☐ _____
- ☐ _____
- ☐ _____

KID'S TASKS
- ☐ _____
- ☐ _____
- ☐ _____
- ☐ _____
- ☐ _____

SCHEDULE

6am _____
7 _____
8 _____
9 _____
10 _____
11 _____
12pm _____
1 _____
2 _____
3 _____
4 _____
5 _____
6 _____
7 _____
8 _____
9 _____

Evening Release

Joyful Moment

Today my child made me smile when _____
_____

Releasing Steam

The most frustrating thing that happened today was _____
_____

Tomorrow I will handle this situation by _____
_____

See Into Me

When I was a child I wanted to be _____
and my child wants to be _____

Winning Everyday

Today I was able to accomplish _____
_____

Morning Jumpstart

DATE:_____   DAILY HABIT: _____

Affirmation

I AM GRATEFUL FOR:
1. _____
2. _____
3. _____

EXERCISE

I'M EXCITED TO EXPERIENCE:
1. _____
   _____ by myself
2. _____
   _____ with my kid(s)
3. _____
   _____ with my friend/partner

KID'S EXERCISE

GET IT DONE PRIORITIES

PERSONAL TASKS
- ☐ _____
- ☐ _____
- ☐ _____
- ☐ _____
- ☐ _____

KID'S TASKS
- ☐ _____
- ☐ _____
- ☐ _____
- ☐ _____
- ☐ _____

SCHEDULE

- 6am _____
- 7 _____
- 8 _____
- 9 _____
- 10 _____
- 11 _____
- 12pm _____
- 1 _____
- 2 _____
- 3 _____
- 4 _____
- 5 _____
- 6 _____
- 7 _____
- 8 _____
- 9 _____

Evening Release

Joyful Moment

Today my child made me smile when _____
_____

Releasing Steam

The most frustrating thing that happened today was _____
_____

Tomorrow I will handle this situation by _____
_____

See Into Me

When I was a child I loved to _____ *outside and my child loves to* _____

Winning Everyday

Today I was able to accomplish _____
_____

Morning Jumpstart

DATE:_____   DAILY HABIT:_____

Affirmation

I AM GRATEFUL FOR:
1. _____
2. _____
3. _____

I'M EXCITED TO EXPERIENCE:
1. _____
   _____ by myself
2. _____
   _____ with my kid(s)
3. _____
   _____ with my friend/partner

EXERCISE   KID'S EXERCISE

GET IT DONE PRIORITIES

PERSONAL TASKS
☐ _____
☐ _____
☐ _____
☐ _____
☐ _____

SCHEDULE
- 6am _____
- 7 _____
- 8 _____
- 9 _____
- 10 _____
- 11 _____
- 12pm _____
- 1 _____
- 2 _____
- 3 _____
- 4 _____
- 5 _____
- 6 _____
- 7 _____
- 8 _____
- 9 _____

KID'S TASKS
☐ _____
☐ _____
☐ _____
☐ _____
☐ _____

Evening Release

Joyful Moment

Today my child made me smile when _____
_____

Releasing Steam

The most frustrating thing that happened today was _____
_____

Tomorrow I will handle this situation by _____
_____

See Into Me

When I was a child my favorite outside toy was _____
and my child's favorite outside toy is _____

Winning Everyday

Today I was able to accomplish _____
_____

DATE:_____

Create an Idea Station (refer to book Forward for instructions).

ALL THE WAYS I ROCKED

☐ _____
☐ _____
☐ _____
☐ _____
☐ _____

> "When big feels overwhelming, start small."

LANETTE POTTLE

Morning Jumpstart

DATE: _____ DAILY HABIT: _____

Affirmation

I AM GRATEFUL FOR:
1. _____
   _____
2. _____
   _____
3. _____
   _____

EXERCISE

I'M EXCITED TO EXPERIENCE:
1. _____
   _____ by myself
2. _____
   _____ with my kid(s)
3. _____
   _____ with my friend/partner

KID'S EXERCISE

GET IT DONE PRIORITIES

PERSONAL TASKS
- ☐ _____
- ☐ _____
- ☐ _____
- ☐ _____
- ☐ _____

KID'S TASKS
- ☐ _____
- ☐ _____
- ☐ _____
- ☐ _____
- ☐ _____

SCHEDULE

6am _____
7 _____
8 _____
9 _____
10 _____
11 _____
12pm _____
1 _____
2 _____
3 _____
4 _____
5 _____
6 _____
7 _____
8 _____
9 _____

Evening Release

Joyful Moment

Today my child made me smile when _____
_____

Releasing Steam

The most frustrating thing that happened today was _____
_____

Tomorrow I will handle this situation by _____
_____

See Into Me

When I was a child I loved when my parent(s) _____
and my child loves when I _____

Winning Everyday

Today I was able to accomplish _____
_____

LAST WEEK REVIEW

"There is always hope for your child, but hope without a plan is fruitless."

When you think about last week what are the 3 accomplishments that made you excited and joyful.
1. _____
2. _____
3. _____

This week I shared a moment with my kids and appreciated that they...
1. _____
2. _____
3. _____

Next week I will do these 3 things to accomplish my goals...
1. _____
2. _____
3. _____

Weekly Goals DATE: _____

FAMILY MANTRA: _____

Four corners of my life

SELF CARE:	WORK:
RELATIONSHIP:	HEALTH:

Child's corner of the world

ACADEMIC:	FITNESS/HEALTH:
SOCIAL:	MY CHILD LOVES:

This week I will try to _____

The habit I am focusing on this week is _____

_____

This week I am excited about _____

_____

As a family we will_____

WEEKLY ADVENTURE

Morning Jumpstart

DATE: _____   DAILY HABIT: _____

Affirmation

I AM GRATEFUL FOR:	I'M EXCITED TO EXPERIENCE:
1. _____	1. _____ _____ by myself
2. _____	2. _____ _____ with my kid(s)
3. _____	3. _____ _____ with my friend/partner
EXERCISE	**KID'S EXERCISE**

GET IT DONE PRIORITIES

PERSONAL TASKS
- ☐ _____
- ☐ _____
- ☐ _____
- ☐ _____
- ☐ _____

KID'S TASKS
- ☐ _____
- ☐ _____
- ☐ _____
- ☐ _____
- ☐ _____

SCHEDULE
6am _____
7 _____
8 _____
9 _____
10 _____
11 _____
12pm _____
1 _____
2 _____
3 _____
4 _____
5 _____
6 _____
7 _____
8 _____
9 _____

Evening Release

Joyful Moment

Today my child made me smile when _____
_____

Releasing Steam

The most frustrating thing that happened today was _____
_____

Tomorrow I will handle this situation by _____
_____

See Into Me

When I was a child my favorite holiday gathering was _____
and my child's favorite holiday gathering is _____

Winning Everyday

Today I was able to accomplish _____
_____

Morning Jumpstart

DATE:_____   DAILY HABIT: _____

Affirmation

I AM GRATEFUL FOR:	I'M EXCITED TO EXPERIENCE:
1. _____	1. _____
_____	_____ by myself
2. _____	2. _____
_____	_____ with my kid(s)
3. _____	3. _____
_____	_____ with my friend/partner
EXERCISE	**KID'S EXERCISE**

GET IT DONE PRIORITIES

PERSONAL TASKS
- _____
- _____
- _____
- _____
- _____

KID'S TASKS
- _____
- _____
- _____
- _____
- _____

SCHEDULE
- 6am _____
- 7 _____
- 8 _____
- 9 _____
- 10 _____
- 11 _____
- 12pm _____
- 1 _____
- 2 _____
- 3 _____
- 4 _____
- 5 _____
- 6 _____
- 7 _____
- 8 _____
- 9 _____

Evening Release

Joyful Moment

Today my child made me smile when _____
_____

Releasing Steam

The most frustrating thing that happened today was _____
_____

Tomorrow I will handle this situation by _____
_____

See Into Me

When I was a child, I thought I would _____
and my child thinks they will _____

Winning Everyday

Today I was able to accomplish _____
_____

Morning Jumpstart

DATE:_____   DAILY HABIT: _____

Affirmation

I AM GRATEFUL FOR:	I'M EXCITED TO EXPERIENCE:
1. _____	1. _____ by myself
2. _____	2. _____ with my kid(s)
3. _____	3. _____ with my friend/partner
EXERCISE	**KID'S EXERCISE**

GET IT DONE PRIORITIES

PERSONAL TASKS
- ☐ _____
- ☐ _____
- ☐ _____
- ☐ _____
- ☐ _____

KID'S TASKS
- ☐ _____
- ☐ _____
- ☐ _____
- ☐ _____
- ☐ _____

SCHEDULE
- 6am _____
- 7 _____
- 8 _____
- 9 _____
- 10 _____
- 11 _____
- 12pm _____
- 1 _____
- 2 _____
- 3 _____
- 4 _____
- 5 _____
- 6 _____
- 7 _____
- 8 _____
- 9 _____

Evening Release

Joyful Moment

Today my child made me smile when _____
_____

Releasing Steam

The most frustrating thing that happened today was _____
_____

Tomorrow I will handle this situation by _____
_____

See Into Me

When I was a child my super power was _____
and my child's super power is _____

Winning Everyday

Today I was able to accomplish _____
_____

Personal Challenge

DATE:_____

Watch a funny movie/TV show. What did you watch and how did it make you feel?

ALL THE WAYS I ROCKED

☐ _____
☐ _____
☐ _____
☐ _____
☐ _____

> "Cultivate self-identity to activate your parental superpower."

Morning Jumpstart

DATE: _____   DAILY HABIT: _____

Affirmation

I AM GRATEFUL FOR:
1. _____
   _____
2. _____
   _____
3. _____
   _____

EXERCISE

I'M EXCITED TO EXPERIENCE:
1. _____
   _____ by myself
2. _____
   _____ with my kid(s)
3. _____
   _____ with my friend/partner

KID'S EXERCISE

GET IT DONE PRIORITIES

PERSONAL TASKS
- ☐ _____
- ☐ _____
- ☐ _____
- ☐ _____
- ☐ _____

KID'S TASKS
- ☐ _____
- ☐ _____
- ☐ _____
- ☐ _____
- ☐ _____

SCHEDULE
- 6am _____
- 7 _____
- 8 _____
- 9 _____
- 10 _____
- 11 _____
- 12pm _____
- 1 _____
- 2 _____
- 3 _____
- 4 _____
- 5 _____
- 6 _____
- 7 _____
- 8 _____
- 9 _____

Evening Release

Joyful Moment

Today my child made me smile when _____
_____

Releasing Steam

The most frustrating thing that happened today was _____
_____

Tomorrow I will handle this situation by _____
_____

See Into Me

When I was a child my favorite season was _____
and my child's favorite season is _____

Winning Everyday

Today I was able to accomplish _____
_____

Morning Jumpstart

DATE:_____   DAILY HABIT: _____

Affirmation

I AM GRATEFUL FOR:
1. _____
   _____
2. _____
   _____
3. _____
   _____

EXERCISE

I'M EXCITED TO EXPERIENCE:
1. _____
   _____ by myself
2. _____
   _____ with my kid(s)
3. _____
   _____ with my friend/partner

KID'S EXERCISE

GET IT DONE PRIORITIES

PERSONAL TASKS
- ☐ _____
- ☐ _____
- ☐ _____
- ☐ _____
- ☐ _____

KID'S TASKS
- ☐ _____
- ☐ _____
- ☐ _____
- ☐ _____
- ☐ _____

SCHEDULE
6am _____
7 _____
8 _____
9 _____
10 _____
11 _____
12pm _____
1 _____
2 _____
3 _____
4 _____
5 _____
6 _____
7 _____
8 _____
9 _____

Evening Release

Joyful Moment

Today my child made me smile when _____
_____

Releasing Steam

The most frustrating thing that happened today was _____
_____

Tomorrow I will handle this situation by _____
_____

See Into Me

When I was a child I _____ *going to school and my child* _____ *going to school.*

Winning Everyday

Today I was able to accomplish _____
_____

Morning Jumpstart

DATE:_____ DAILY HABIT: _____

Affirmation

I AM GRATEFUL FOR:
1. _____
2. _____
3. _____

I'M EXCITED TO EXPERIENCE:
1. _____ by myself
2. _____ with my kid(s)
3. _____ with my friend/partner

EXERCISE

KID'S EXERCISE

GET IT DONE PRIORITIES

PERSONAL TASKS
- ☐ _____
- ☐ _____
- ☐ _____
- ☐ _____
- ☐ _____

KID'S TASKS
- ☐ _____
- ☐ _____
- ☐ _____
- ☐ _____
- ☐ _____

SCHEDULE
- 6am _____
- 7 _____
- 8 _____
- 9 _____
- 10 _____
- 11 _____
- 12pm _____
- 1 _____
- 2 _____
- 3 _____
- 4 _____
- 5 _____
- 6 _____
- 7 _____
- 8 _____
- 9 _____

Evening Release

Joyful Moment

Today my child made me smile when _____
_____

Releasing Steam

The most frustrating thing that happened today was _____
_____

Tomorrow I will handle this situation by _____
_____

See Into Me

When I was a child, I got anxious when _____
and my child gets anxious when _____

Winning Everyday

Today I was able to accomplish _____
_____

DATE:_____

Artistic Flow: Express your inner artist and create art with your child(ren). What did you do? Reflect below on the best parts of the activity.

ALL THE WAYS I ROCKED

☐ _____
☐ _____
☐ _____
☐ _____
☐ _____

"*Everybody is a genius. But if you judge a fish by its ability to climb a tree it will live its whole life believing it's stupid.*"

ALBERT EINSTEIN

Morning Jumpstart

DATE: _____   DAILY HABIT: _____

Affirmation

I AM GRATEFUL FOR:
1. _____
2. _____
3. _____

I'M EXCITED TO EXPERIENCE:
1. _____ by myself
2. _____ with my kid(s)
3. _____ with my friend/partner

EXERCISE

KID'S EXERCISE

GET IT DONE PRIORITIES

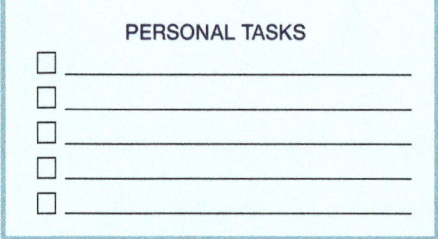

PERSONAL TASKS
- ☐ _____
- ☐ _____
- ☐ _____
- ☐ _____
- ☐ _____

KID'S TASKS
- ☐ _____
- ☐ _____
- ☐ _____
- ☐ _____
- ☐ _____

SCHEDULE
- 6am _____
- 7 _____
- 8 _____
- 9 _____
- 10 _____
- 11 _____
- 12pm _____
- 1 _____
- 2 _____
- 3 _____
- 4 _____
- 5 _____
- 6 _____
- 7 _____
- 8 _____
- 9 _____

Evening Release

Joyful Moment

Today my child made me smile when _____
_____

Releasing Steam

The most frustrating thing that happened today was _____
_____

Tomorrow I will handle this situation by _____
_____

See Into Me

When I was a child I felt _____
around strangers and my child feels _____

Winning Everyday

Today I was able to accomplish _____
_____

LAST WEEK REVIEW

"Keep Calm and Parent On."

When you think about last week what are the 3 accomplishments that made you excited and joyful.
1._____
2._____
3._____

This week I shared a moment with my kids and appreciated that they…
1._____
2._____
3._____

Next week I will do these 3 things to accomplish my goals…
1._____
2._____
3._____

Weekly Goals DATE: _____

FAMILY MANTRA: _____

Four corners of my life

SELF CARE:	WORK:
RELATIONSHIP:	HEALTH:

Child's corner of the world

ACADEMIC:	FITNESS/HEALTH:
SOCIAL:	MY CHILD LOVES:

This week I will try to _____

The habit I am focusing on this week is _____
_____

This week I am excited about _____
_____

As a family we will_____

WEEKLY ADVENTURE

Morning Jumpstart

DATE: _____   DAILY HABIT: _____

Affirmation

I AM GRATEFUL FOR:
1. _____
   _____
2. _____
   _____
3. _____
   _____

EXERCISE

I'M EXCITED TO EXPERIENCE:
1. _____
   _____ by myself
2. _____
   _____ with my kid(s)
3. _____
   _____ with my friend/partner

KID'S EXERCISE

GET IT DONE PRIORITIES

PERSONAL TASKS
- ☐ _____
- ☐ _____
- ☐ _____
- ☐ _____
- ☐ _____

KID'S TASKS
- ☐ _____
- ☐ _____
- ☐ _____
- ☐ _____
- ☐ _____

SCHEDULE

6am _____
7 _____
8 _____
9 _____
10 _____
11 _____
12pm _____
1 _____
2 _____
3 _____
4 _____
5 _____
6 _____
7 _____
8 _____
9 _____

Evening Release

Joyful Moment

Today my child made me smile when _____
_____

Releasing Steam

The most frustrating thing that happened today was _____
_____

Tomorrow I will handle this situation by _____
_____

See Into Me

When I was a child, I got excited when _____
and my child gets excited when _____

Winning Everyday

Today I was able to accomplish _____
_____

Morning Jumpstart

DATE: _____   DAILY HABIT: _____

Affirmation

I AM GRATEFUL FOR:
1. _____
2. _____
3. _____

EXERCISE

I'M EXCITED TO EXPERIENCE:
1. _____
   _____ by myself
2. _____
   _____ with my kid(s)
3. _____
   _____ with my friend/partner

KID'S EXERCISE

GET IT DONE PRIORITIES

PERSONAL TASKS
- ☐ _____
- ☐ _____
- ☐ _____
- ☐ _____
- ☐ _____

KID'S TASKS
- ☐ _____
- ☐ _____
- ☐ _____
- ☐ _____
- ☐ _____

SCHEDULE

6am _____
7 _____
8 _____
9 _____
10 _____
11 _____
12pm _____
1 _____
2 _____
3 _____
4 _____
5 _____
6 _____
7 _____
8 _____
9 _____

Evening Release

Joyful Moment

Today my child made me smile when _____
_____

Releasing Steam

The most frustrating thing that happened today was _____
_____

Tomorrow I will handle this situation by _____
_____

See Into Me

When I was a child, I felt _____
when I made mistakes and my child feels _____

Winning Everyday

Today I was able to accomplish _____
_____

Morning Jumpstart

DATE:_____   DAILY HABIT:_____

Affirmation

I AM GRATEFUL FOR:	I'M EXCITED TO EXPERIENCE:
1. _____ _____	1. _____ _____ by myself
2. _____ _____	2. _____ _____ with my kid(s)
3. _____ _____	3. _____ _____ with my friend/partner
EXERCISE	**KID'S EXERCISE**

GET IT DONE PRIORITIES

PERSONAL TASKS
- ☐ _____
- ☐ _____
- ☐ _____
- ☐ _____
- ☐ _____

KID'S TASKS
- ☐ _____
- ☐ _____
- ☐ _____
- ☐ _____
- ☐ _____

SCHEDULE
6am _____
7 _____
8 _____
9 _____
10 _____
11 _____
12pm _____
1 _____
2 _____
3 _____
4 _____
5 _____
6 _____
7 _____
8 _____
9 _____

Evening Release

Joyful Moment

Today my child made me smile when _____
_____

Releasing Steam

The most frustrating thing that happened today was _____
_____

Tomorrow I will handle this situation by _____
_____

See Into Me

When I was a child, I loved when people complimented me on _____
_____ *and my child loves when they are complimented on*
_____

Winning Everyday

Today I was able to accomplish _____
_____

Personal Challenge

DATE:_____

Make plans to connect with a friend within 3 days. What are your plans and how do you feel about them?

ALL THE WAYS I ROCKED

☐ _____
☐ _____
☐ _____
☐ _____
☐ _____

"If you're not creating your own legacy, you're continuing someone else's. Build your legacy everyday, with everything you do. And remember, nothing changes if nothing changes."

RONNIE WEBB II

Morning Jumpstart

DATE: _____   DAILY HABIT: _____

Affirmation

I AM GRATEFUL FOR:
1. _____
   _____
2. _____
   _____
3. _____
   _____

EXERCISE

I'M EXCITED TO EXPERIENCE:
1. _____
   _____ by myself
2. _____
   _____ with my kid(s)
3. _____
   _____ with my friend/partner

KID'S EXERCISE

GET IT DONE PRIORITIES

PERSONAL TASKS
- ☐ _____
- ☐ _____
- ☐ _____
- ☐ _____
- ☐ _____

KID'S TASKS
- ☐ _____
- ☐ _____
- ☐ _____
- ☐ _____
- ☐ _____

SCHEDULE
- 6am _____
- 7 _____
- 8 _____
- 9 _____
- 10 _____
- 11 _____
- 12pm _____
- 1 _____
- 2 _____
- 3 _____
- 4 _____
- 5 _____
- 6 _____
- 7 _____
- 8 _____
- 9 _____

Evening Release

Joyful Moment

Today my child made me smile when _____
_____

Releasing Steam

The most frustrating thing that happened today was _____
_____

Tomorrow I will handle this situation by _____
_____

See Into Me

When I was a child, I tried to find _____
_____ *when I looked at the sky and my child tries to find*
_____

Winning Everyday

Today I was able to accomplish _____
_____

Morning Jumpstart

DATE:_____   DAILY HABIT:_____

Affirmation

I AM GRATEFUL FOR:
1. _____
2. _____
3. _____

EXERCISE

I'M EXCITED TO EXPERIENCE:
1. _____
   _____ by myself
2. _____
   _____ with my kid(s)
3. _____
   _____ with my friend/partner

KID'S EXERCISE

GET IT DONE PRIORITIES

PERSONAL TASKS
- ☐ _____
- ☐ _____
- ☐ _____
- ☐ _____
- ☐ _____

KID'S TASKS
- ☐ _____
- ☐ _____
- ☐ _____
- ☐ _____
- ☐ _____

SCHEDULE

- 6am _____
- 7 _____
- 8 _____
- 9 _____
- 10 _____
- 11 _____
- 12pm _____
- 1 _____
- 2 _____
- 3 _____
- 4 _____
- 5 _____
- 6 _____
- 7 _____
- 8 _____
- 9 _____

Evening Release

Joyful Moment

Today my child made me smile when _____
_____

Releasing Steam

The most frustrating thing that happened today was _____
_____

Tomorrow I will handle this situation by _____
_____

See Into Me

When I was a child I loved to talk about _____ *and my child loves to talk about* _____

Winning Everyday

Today I was able to accomplish _____
_____

Morning Jumpstart

DATE: _____   DAILY HABIT: _____

Affirmation

I AM GRATEFUL FOR:
1. _____
   _____
2. _____
   _____
3. _____
   _____

I'M EXCITED TO EXPERIENCE:
1. _____
   _____ by myself
2. _____
   _____ with my kid(s)
3. _____
   _____ with my friend/partner

EXERCISE

KID'S EXERCISE

GET IT DONE PRIORITIES

PERSONAL TASKS
- ☐ _____
- ☐ _____
- ☐ _____
- ☐ _____
- ☐ _____

KID'S TASKS
- ☐ _____
- ☐ _____
- ☐ _____
- ☐ _____
- ☐ _____

SCHEDULE

- 6am _____
- 7 _____
- 8 _____
- 9 _____
- 10 _____
- 11 _____
- 12pm _____
- 1 _____
- 2 _____
- 3 _____
- 4 _____
- 5 _____
- 6 _____
- 7 _____
- 8 _____
- 9 _____

Evening Release

Joyful Moment

Today my child made me smile when _____
_____

Releasing Steam

The most frustrating thing that happened today was _____
_____

Tomorrow I will handle this situation by _____
_____

See Into Me

When I was a child, I knew a lot about _____
_____ and my child knows a lot about _____
_____

Winning Everyday

Today I was able to accomplish _____
_____

DATE:_____

Dinner Conversation: Discuss the ideas your child(ren) have placed in the idea station. What was the best part of the conversation?

___

ALL THE WAYS I ROCKED

☐ _____
☐ _____
☐ _____
☐ _____
☐ _____

"Give a child a blank canvas and watch them paint the world"

Morning Jumpstart

DATE:_____ DAILY HABIT: _____

Affirmation

I AM GRATEFUL FOR:	I'M EXCITED TO EXPERIENCE:
1. _____ _____	1. _____ _____ by myself
2. _____ _____	2. _____ _____ with my kid(s)
3. _____ _____	3. _____ _____ with my friend/partner
EXERCISE	**KID'S EXERCISE**

GET IT DONE PRIORITIES

PERSONAL TASKS
- ☐ _____
- ☐ _____
- ☐ _____
- ☐ _____
- ☐ _____

KID'S TASKS
- ☐ _____
- ☐ _____
- ☐ _____
- ☐ _____
- ☐ _____

SCHEDULE
- 6am _____
- 7 _____
- 8 _____
- 9 _____
- 10 _____
- 11 _____
- 12pm _____
- 1 _____
- 2 _____
- 3 _____
- 4 _____
- 5 _____
- 6 _____
- 7 _____
- 8 _____
- 9 _____

Evening Release

Joyful Moment

Today my child made me smile when _____
_____

Releasing Steam

The most frustrating thing that happened today was _____

Tomorrow I will handle this situation by _____

See Into Me

When I made mistakes as a child I would _____
_____ *and when my child makes a mistake, they* _____
_____

Winning Everyday

Today I was able to accomplish _____
_____

LAST WEEK REVIEW

"Exhale, Breathe, Repeat = self-care in seconds."

When you think about last week what are the 3 accomplishments that made you excited and joyful.
1. _____
2. _____
3. _____

This week I shared a moment with my kids and appreciated that they...
1. _____
2. _____
3. _____

Next week I will do these 3 things to accomplish my goals...
1. _____
2. _____
3. _____

Weekly Goals DATE: _____

FAMILY MANTRA: _____

Four corners of my life

SELF CARE:

WORK:

RELATIONSHIP:

HEALTH:

Child's corner of the world

ACADEMIC:

FITNESS/HEALTH:

SOCIAL:

MY CHILD LOVES:

This week I will try to _____

The habit I am focusing on this week is _____
_____

This week I am excited about _____
_____

As a family we will_____

WEEKLY ADVENTURE

"Cultivate self-identity to activate your parental super power."

MONTH: _____

SUNDAY	MONDAY	TUESDAY	WEDNESDAY

FAMILY GOALS
1. _____
2. _____
3. _____

KIDS' GOALS
1. _____
2. _____
3. _____

PERSONAL GOALS
1. _____
2. _____
3. _____

THURSDAY	FRIDAY	SATURDAY

SELF-DISCOVERY

BEFORE I HAD KIDS, I LOVED TO _____

_____

_____.

THIS MONTH I WILL

_____

_____

_____.

LIVE LIFE

I'VE ALWAYS WANTED TO

_____

_____

_____.

THIS MONTH I WILL

_____

_____

_____.

This month's wins

This month I learned

FAMILY PLANS/PROJECTS

1

2

3

Morning Jumpstart

DATE: _____ DAILY HABIT: _____

Affirmation

I AM GRATEFUL FOR:
1. _____
   _____
2. _____
   _____
3. _____
   _____

EXERCISE

I'M EXCITED TO EXPERIENCE:
1. _____
   _____ by myself
2. _____
   _____ with my kid(s)
3. _____
   _____ with my friend/partner

KID'S EXERCISE

GET IT DONE PRIORITIES

PERSONAL TASKS
- [ ] _____
- [ ] _____
- [ ] _____
- [ ] _____
- [ ] _____

KID'S TASKS
- [ ] _____
- [ ] _____
- [ ] _____
- [ ] _____
- [ ] _____

SCHEDULE
- 6am _____
- 7 _____
- 8 _____
- 9 _____
- 10 _____
- 11 _____
- 12pm _____
- 1 _____
- 2 _____
- 3 _____
- 4 _____
- 5 _____
- 6 _____
- 7 _____
- 8 _____
- 9 _____

Evening Release

Joyful Moment

Today my child made me smile when _____
_____

Releasing Steam

The most frustrating thing that happened today was _____
_____

Tomorrow I will handle this situation by _____
_____

See Into Me

When I look into my child's eyes I feel _____,
when I asked them what they see in my eyes they said _____
_____

Winning Everyday

Today I was able to accomplish _____
_____

Morning Jumpstart

DATE: _____   DAILY HABIT: _____

Affirmation

I AM GRATEFUL FOR:	I'M EXCITED TO EXPERIENCE:
1. _____	1. _____
_____	_____ by myself
2. _____	2. _____
_____	_____ with my kid(s)
3. _____	3. _____
_____	_____ with my friend/partner
EXERCISE	**KID'S EXERCISE**

GET IT DONE PRIORITIES

PERSONAL TASKS
- ☐ _____
- ☐ _____
- ☐ _____
- ☐ _____
- ☐ _____

KID'S TASKS
- ☐ _____
- ☐ _____
- ☐ _____
- ☐ _____
- ☐ _____

SCHEDULE
- 6am _____
- 7 _____
- 8 _____
- 9 _____
- 10 _____
- 11 _____
- 12pm _____
- 1 _____
- 2 _____
- 3 _____
- 4 _____
- 5 _____
- 6 _____
- 7 _____
- 8 _____
- 9 _____

Evening Release

Joyful Moment

Today my child made me smile when _____
_____

Releasing Steam

The most frustrating thing that happened today was _____
_____

Tomorrow I will handle this situation by _____
_____

See Into Me

When I was a child, I had friends who were _____
_____ *and my child has friends who are* _____
_____

Winning Everyday

Today I was able to accomplish _____
_____

Morning Jumpstart

DATE: _____ DAILY HABIT: _____

Affirmation

I AM GRATEFUL FOR:
1. _____
   _____
2. _____
   _____
3. _____
   _____

EXERCISE

I'M EXCITED TO EXPERIENCE:
1. _____
   _____ by myself
2. _____
   _____ with my kid(s)
3. _____
   _____ with my friend/partner

KID'S EXERCISE

GET IT DONE PRIORITIES

PERSONAL TASKS
- ☐ _____
- ☐ _____
- ☐ _____
- ☐ _____
- ☐ _____

KID'S TASKS
- ☐ _____
- ☐ _____
- ☐ _____
- ☐ _____
- ☐ _____

SCHEDULE
- 6am _____
- 7 _____
- 8 _____
- 9 _____
- 10 _____
- 11 _____
- 12pm _____
- 1 _____
- 2 _____
- 3 _____
- 4 _____
- 5 _____
- 6 _____
- 7 _____
- 8 _____
- 9 _____

Evening Release

Joyful Moment

Today my child made me smile when _____
_____

Releasing Steam

The most frustrating thing that happened today was _____
_____

Tomorrow I will handle this situation by _____
_____

See Into Me

When I was child, my favorite time of the day was _____
_____ *and my child's favorite time of the day is* _____
_____

Winning Everyday

Today I was able to accomplish _____
_____

Personal Challenge

DATE:_____

Mirror Moment: Shower yourself with love. Stand in front of the mirror and shower yourself with LOVE words and thoughts.
Describe how this challenge made you feel below.

ALL THE WAYS I ROCKED

- ☐ _____
- ☐ _____
- ☐ _____
- ☐ _____
- ☐ _____

> "A person's character comes from habit, and habits often come from an attitude and/or a mindset we have. Whether we like it or not, us parents both consciously and unconsciously teach our children the attitude and mindset we have towards the world we live in. What we believe to be true are expressed through our actions, words, habits, and our character."
>
> GRACE KIM (.bygrace)

Morning Jumpstart

DATE:_____   DAILY HABIT: _____

Affirmation

I AM GRATEFUL FOR:	I'M EXCITED TO EXPERIENCE:
1. _____	1. _____ _____ by myself
2. _____	2. _____ _____ with my kid(s)
3. _____	3. _____ _____ with my friend/partner
EXERCISE	KID'S EXERCISE

GET IT DONE PRIORITIES

PERSONAL TASKS
- ☐ _____
- ☐ _____
- ☐ _____
- ☐ _____
- ☐ _____

KID'S TASKS
- ☐ _____
- ☐ _____
- ☐ _____
- ☐ _____
- ☐ _____

SCHEDULE
6am _____
7 _____
8 _____
9 _____
10 _____
11 _____
12pm _____
1 _____
2 _____
3 _____
4 _____
5 _____
6 _____
7 _____
8 _____
9 _____

Evening Release

Joyful Moment

Today my child made me smile when _____
_____

Releasing Steam

The most frustrating thing that happened today was _____
_____

Tomorrow I will handle this situation by _____
_____

See Into Me

When I was a child, I wanted to visit _____
and my child likes to visit _____

Winning Everyday

Today I was able to accomplish _____
_____

Morning Jumpstart

DATE: _____   DAILY HABIT: _____

Affirmation

I AM GRATEFUL FOR:
1. _____
2. _____
3. _____

EXERCISE

I'M EXCITED TO EXPERIENCE:
1. _____
   _____ by myself
2. _____
   _____ with my kid(s)
3. _____
   _____ with my friend/partner

KID'S EXERCISE

GET IT DONE PRIORITIES

PERSONAL TASKS
- ☐ _____
- ☐ _____
- ☐ _____
- ☐ _____
- ☐ _____

KID'S TASKS
- ☐ _____
- ☐ _____
- ☐ _____
- ☐ _____
- ☐ _____

SCHEDULE

6am	_____
7	_____
8	_____
9	_____
10	_____
11	_____
12pm	_____
1	_____
2	_____
3	_____
4	_____
5	_____
6	_____
7	_____
8	_____
9	_____

Evening Release

Joyful Moment

Today my child made me smile when _____
_____

Releasing Steam

The most frustrating thing that happened today was _____
_____

Tomorrow I will handle this situation by _____
_____

See Into Me

My least favorite subject in school was _____ *because*
_____ *and my child's is* _____
_____ *because* _____

Winning Everyday

Today I was able to accomplish _____
_____

Morning Jumpstart

DATE: _____   DAILY HABIT: _____

Affirmation

I AM GRATEFUL FOR:
1. _____
2. _____
3. _____

EXERCISE

I'M EXCITED TO EXPERIENCE:
1. _____
   _____ by myself
2. _____
   _____ with my kid(s)
3. _____
   _____ with my friend/partner

KID'S EXERCISE

GET IT DONE PRIORITIES

PERSONAL TASKS
- ☐ _____
- ☐ _____
- ☐ _____
- ☐ _____
- ☐ _____

KID'S TASKS
- ☐ _____
- ☐ _____
- ☐ _____
- ☐ _____
- ☐ _____

SCHEDULE
- 6am _____
- 7 _____
- 8 _____
- 9 _____
- 10 _____
- 11 _____
- 12pm _____
- 1 _____
- 2 _____
- 3 _____
- 4 _____
- 5 _____
- 6 _____
- 7 _____
- 8 _____
- 9 _____

Evening Release

Joyful Moment

Today my child made me smile when _____
_____

Releasing Steam

The most frustrating thing that happened today was _____
_____

Tomorrow I will handle this situation by _____
_____

See Into Me

When I was a child, I wanted to be a _____
and my child wants to be a _____

Winning Everyday

Today I was able to accomplish _____
_____

DATE:_____

Show and Tell: Share a cherished item with your child (ren) and have them share theirs. Discuss why the items are special.

___

ALL THE WAYS I ROCKED

☐ _____
☐ _____
☐ _____
☐ _____
☐ _____

> "Sometimes you have to forget who you think you are to become who you really are."

GAHMYA DRUMMOND-BEY (EVOLVED TEACHER)

Morning Jumpstart

DATE:_____   DAILY HABIT:_____

Affirmation

I AM GRATEFUL FOR:
1. _____
2. _____
3. _____

EXERCISE

I'M EXCITED TO EXPERIENCE:
1. _____ by myself
2. _____ with my kid(s)
3. _____ with my friend/partner

KID'S EXERCISE

GET IT DONE PRIORITIES

PERSONAL TASKS
- [ ] _____
- [ ] _____
- [ ] _____
- [ ] _____
- [ ] _____

KID'S TASKS
- [ ] _____
- [ ] _____
- [ ] _____
- [ ] _____
- [ ] _____

SCHEDULE
- 6am _____
- 7 _____
- 8 _____
- 9 _____
- 10 _____
- 11 _____
- 12pm _____
- 1 _____
- 2 _____
- 3 _____
- 4 _____
- 5 _____
- 6 _____
- 7 _____
- 8 _____
- 9 _____

Evening Release

Joyful Moment

Today my child made me smile when _____
_____

Releasing Steam

The most frustrating thing that happened today was _____
_____

Tomorrow I will handle this situation by _____
_____

See Into Me

When I was a child, I loved to _____
with my parent(s) and my child loves to _____ *with me.*

Winning Everyday

Today I was able to accomplish _____
_____

LAST WEEK REVIEW

"Don't beat yourself up for what might be wrong, instead credit yourself for the things you know you're doing right."

When you think about last week what are the 3 accomplishments that made you excited and joyful.
1._____
2._____
3._____

This week I shared a moment with my kids and appreciated that they...
1._____
2._____
3._____

Next week I will do these 3 things to accomplish my goals...
1._____
2._____
3._____

Weekly Goals DATE: _____

FAMILY MANTRA: _____

Four corners of my life

- **SELF CARE:**
- **WORK:**
- **RELATIONSHIP:**
- **HEALTH:**

Child's corner of the world

- **ACADEMIC:**
- **FITNESS/HEALTH:**
- **SOCIAL:**
- **MY CHILD LOVES:**

This week I will try to _____

The habit I am focusing on this week is _____

This week I am excited about _____

As a family we will _____

WEEKLY ADVENTURE

Morning Jumpstart

DATE:_____ DAILY HABIT: _____

Affirmation

I AM GRATEFUL FOR:
1. _____
2. _____
3. _____

EXERCISE

I'M EXCITED TO EXPERIENCE:
1. _____
   _____ by myself
2. _____
   _____ with my kid(s)
3. _____
   _____ with my friend/partner

KID'S EXERCISE

GET IT DONE PRIORITIES

PERSONAL TASKS
- ☐ _____
- ☐ _____
- ☐ _____
- ☐ _____
- ☐ _____

KID'S TASKS
- ☐ _____
- ☐ _____
- ☐ _____
- ☐ _____
- ☐ _____

SCHEDULE
- 6am _____
- 7 _____
- 8 _____
- 9 _____
- 10 _____
- 11 _____
- 12pm _____
- 1 _____
- 2 _____
- 3 _____
- 4 _____
- 5 _____
- 6 _____
- 7 _____
- 8 _____
- 9 _____

Evening Release

Joyful Moment

Today my child made me smile when _____
_____

Releasing Steam

The most frustrating thing that happened today was _____
_____

Tomorrow I will handle this situation by _____
_____

See Into Me

When I was a child my favorite games to play were _____
because _____ *and my child's*
favorite game to play is _____

Winning Everyday

Today I was able to accomplish _____
_____

Morning Jumpstart

DATE: _____   DAILY HABIT: _____

Affirmation

I AM GRATEFUL FOR:
1. _____
   _____
2. _____
   _____
3. _____
   _____

EXERCISE

I'M EXCITED TO EXPERIENCE:
1. _____
   _____ by myself
2. _____
   _____ with my kid(s)
3. _____
   _____ with my friend/partner

KID'S EXERCISE

GET IT DONE PRIORITIES

PERSONAL TASKS
- ☐ _____
- ☐ _____
- ☐ _____
- ☐ _____
- ☐ _____

KID'S TASKS
- ☐ _____
- ☐ _____
- ☐ _____
- ☐ _____
- ☐ _____

SCHEDULE

6am _____
7 _____
8 _____
9 _____
10 _____
11 _____
12pm _____
1 _____
2 _____
3 _____
4 _____
5 _____
6 _____
7 _____
8 _____
9 _____

Evening Release

Joyful Moment

Today my child made me smile when _____
_____

Releasing Steam

The most frustrating thing that happened today was _____
_____

Tomorrow I will handle this situation by _____
_____

See Into Me

When I was a child, I always wondered how _____ *works*
and my child wonders how _____ *works.*

Winning Everyday

Today I was able to accomplish _____
_____

Morning Jumpstart

DATE: _____   DAILY HABIT: _____

Affirmation

I AM GRATEFUL FOR:	I'M EXCITED TO EXPERIENCE:
1. _____	1. _____
2. _____	_____ by myself
3. _____	2. _____
	_____ with my kid(s)
	3. _____
	_____ with my friend/partner

EXERCISE   KID'S EXERCISE

GET IT DONE PRIORITIES

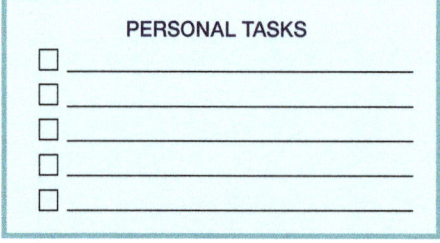

PERSONAL TASKS
- ☐ _____
- ☐ _____
- ☐ _____
- ☐ _____
- ☐ _____

KID'S TASKS
- ☐ _____
- ☐ _____
- ☐ _____
- ☐ _____
- ☐ _____

SCHEDULE
6am _____
7 _____
8 _____
9 _____
10 _____
11 _____
12pm _____
1 _____
2 _____
3 _____
4 _____
5 _____
6 _____
7 _____
8 _____
9 _____

Evening Release

Joyful Moment

Today my child made me smile when _____
_____

Releasing Steam

The most frustrating thing that happened today was _____
_____

Tomorrow I will handle this situation by _____
_____

See Into Me

When I was a child and had to write I _____ *and my child* _____ *when they have to write.*

Winning Everyday

Today I was able to accomplish _____
_____

Personal Challenge

DATE:_____

Let Loose: Turn on your favorite dance music and have a dance break for 10 minutes. How do you feel? Reflect below.

_____
_____
_____
_____
_____
_____
_____
_____
_____
_____
_____
_____
_____
_____
_____
_____
_____
_____
_____

ALL THE WAYS I ROCKED

- [ ] _____
- [ ] _____
- [ ] _____
- [ ] _____
- [ ] _____

> "Let your smile change the world. Don't let the world change your smile"

WILL SMITH

Morning Jumpstart

DATE: _____   DAILY HABIT: _____

Affirmation

I AM GRATEFUL FOR:
1. _____
2. _____
3. _____

EXERCISE

I'M EXCITED TO EXPERIENCE:
1. _____
   _____ by myself
2. _____
   _____ with my kid(s)
3. _____
   _____ with my friend/partner

KID'S EXERCISE

GET IT DONE PRIORITIES

PERSONAL TASKS
- ☐ _____
- ☐ _____
- ☐ _____
- ☐ _____
- ☐ _____

KID'S TASKS
- ☐ _____
- ☐ _____
- ☐ _____
- ☐ _____
- ☐ _____

SCHEDULE
- 6am _____
- 7 _____
- 8 _____
- 9 _____
- 10 _____
- 11 _____
- 12pm _____
- 1 _____
- 2 _____
- 3 _____
- 4 _____
- 5 _____
- 6 _____
- 7 _____
- 8 _____
- 9 _____

Evening Release

Joyful Moment

Today my child made me smile when _____
_____

Releasing Steam

The most frustrating thing that happened today was _____
_____

Tomorrow I will handle this situation by _____
_____

See Into Me

When I was a child during the summer my favorite activity was _____
_____ *and my child's favorite activity is*
_____

Winning Everyday

Today I was able to accomplish _____
_____

Morning Jumpstart

DATE: _____   DAILY HABIT: _____

Affirmation

I AM GRATEFUL FOR:
1. _____
2. _____
3. _____

I'M EXCITED TO EXPERIENCE:
1. _____
   _____ by myself
2. _____
   _____ with my kid(s)
3. _____
   _____ with my friend/partner

EXERCISE

KID'S EXERCISE

GET IT DONE PRIORITIES

PERSONAL TASKS
- ☐ _____
- ☐ _____
- ☐ _____
- ☐ _____
- ☐ _____

KID'S TASKS
- ☐ _____
- ☐ _____
- ☐ _____
- ☐ _____
- ☐ _____

SCHEDULE

6am _____
7 _____
8 _____
9 _____
10 _____
11 _____
12pm _____
1 _____
2 _____
3 _____
4 _____
5 _____
6 _____
7 _____
8 _____
9 _____

Evening Release

Joyful Moment

Today my child made me smile when _____
_____

Releasing Steam

The most frustrating thing that happened today was _____
_____

Tomorrow I will handle this situation by _____
_____

See Into Me

When I was a child, I thought _____
_____ *when I saw someone who looked different and my child*
_____ *when they see someone who looks different.*

Winning Everyday

Today I was able to accomplish _____
_____

Morning Jumpstart

DATE: _____   DAILY HABIT: _____

Affirmation

I AM GRATEFUL FOR:	I'M EXCITED TO EXPERIENCE:
1. _____	1. _____
2. _____	_____ by myself
3. _____	2. _____
	_____ with my kid(s)
	3. _____
	_____ with my friend/partner
EXERCISE	**KID'S EXERCISE**

GET IT DONE PRIORITIES

PERSONAL TASKS
☐ _____
☐ _____
☐ _____
☐ _____
☐ _____

KID'S TASKS
☐ _____
☐ _____
☐ _____
☐ _____
☐ _____

SCHEDULE
6am _____
7 _____
8 _____
9 _____
10 _____
11 _____
12pm _____
1 _____
2 _____
3 _____
4 _____
5 _____
6 _____
7 _____
8 _____
9 _____

Evening Release

Joyful Moment

Today my child made me smile when _____
_____

Releasing Steam

The most frustrating thing that happened today was _____
_____

Tomorrow I will handle this situation by _____
_____

See Into Me

When I was a child, and the weather was bad I would _____
_____ *and my child does* _____

Winning Everyday

Today I was able to accomplish _____
_____

DATE:_____

Idea Station Work: Take pictures of the kids working on their idea station. Pictures are worth a thousand words. Look at the pictures and reflect below.

ALL THE WAYS I ROCKED

☐ _____
☐ _____
☐ _____
☐ _____
☐ _____

"You will never have this day with your children again. Tomorrow they'll be a little older than they were today. This day is a gift. Just breathe, notice, study their faces and little feet. Pay attention. Relish the charms of the present. Enjoy today, it will be over before you know it"

Morning Jumpstart

DATE: _____   DAILY HABIT: _____

Affirmation

I AM GRATEFUL FOR:
1. _____
2. _____
3. _____

I'M EXCITED TO EXPERIENCE:
1. _____
   _____ by myself
2. _____
   _____ with my kid(s)
3. _____
   _____ with my friend/partner

EXERCISE

KID'S EXERCISE

GET IT DONE PRIORITIES

PERSONAL TASKS
- ☐ _____
- ☐ _____
- ☐ _____
- ☐ _____
- ☐ _____

KID'S TASKS
- ☐ _____
- ☐ _____
- ☐ _____
- ☐ _____
- ☐ _____

SCHEDULE
- 6am _____
- 7 _____
- 8 _____
- 9 _____
- 10 _____
- 11 _____
- 12pm _____
- 1 _____
- 2 _____
- 3 _____
- 4 _____
- 5 _____
- 6 _____
- 7 _____
- 8 _____
- 9 _____

Evening Release

Joyful Moment

Today my child made me smile when _____
_____

Releasing Steam

The most frustrating thing that happened today was _____
_____

Tomorrow I will handle this situation by _____
_____

See Into Me

When I was a child, I liked how _____
felt and my child loves how _____ *feels.*

Winning Everyday

Today I was able to accomplish _____
_____

LAST WEEK REVIEW

"When we fulfill our function, which is to truly love ourselves and share love with others, then true happiness sets in."

When you think about last week what are the 3 accomplishments that made you excited and joyful.
1._____
2._____
3._____

This week I shared a moment with my kids and appreciated that they...
1._____
2._____
3._____

Next week I will do these 3 things to accomplish my goals...
1._____
2._____
3._____

Weekly Goals DATE: _____

FAMILY MANTRA: _____

Four corners of my life

SELF CARE:	WORK:
RELATIONSHIP:	HEALTH:

Child's corner of the world

ACADEMIC:	FITNESS/HEALTH:
SOCIAL:	MY CHILD LOVES:

This week I will try to _____

The habit I am focusing on this week is _____
_____

This week I am excited about _____
_____

As a family we will_____

WEEKLY ADVENTURE

Morning Jumpstart

DATE:_____ DAILY HABIT: _____

Affirmation

I AM GRATEFUL FOR:	I'M EXCITED TO EXPERIENCE:
1. _____	1. _____ _____ by myself
2. _____	2. _____ _____ with my kid(s)
3. _____	3. _____ _____ with my friend/partner
EXERCISE	KID'S EXERCISE

GET IT DONE PRIORITIES

PERSONAL TASKS
- ☐ _____
- ☐ _____
- ☐ _____
- ☐ _____
- ☐ _____

KID'S TASKS
- ☐ _____
- ☐ _____
- ☐ _____
- ☐ _____
- ☐ _____

SCHEDULE
- 6am _____
- 7 _____
- 8 _____
- 9 _____
- 10 _____
- 11 _____
- 12pm _____
- 1 _____
- 2 _____
- 3 _____
- 4 _____
- 5 _____
- 6 _____
- 7 _____
- 8 _____
- 9 _____

Evening Release

Joyful Moment

Today my child made me smile when _____
_____

Releasing Steam

The most frustrating thing that happened today was _____
_____

Tomorrow I will handle this situation by _____
_____

See Into Me

When I was a child, I _____ *when I received criticism and my child* _____ *when they receive criticism.*

Winning Everyday

Today I was able to accomplish _____
_____

Morning Jumpstart

DATE: _____   DAILY HABIT: _____

Affirmation

I AM GRATEFUL FOR:
1. _____
2. _____
3. _____

EXERCISE

I'M EXCITED TO EXPERIENCE:
1. _____
   _____ by myself
2. _____
   _____ with my kid(s)
3. _____
   _____ with my friend/partner

KID'S EXERCISE

GET IT DONE PRIORITIES

PERSONAL TASKS
- ☐ _____
- ☐ _____
- ☐ _____
- ☐ _____
- ☐ _____

KID'S TASKS
- ☐ _____
- ☐ _____
- ☐ _____
- ☐ _____
- ☐ _____

SCHEDULE
- 6am _____
- 7 _____
- 8 _____
- 9 _____
- 10 _____
- 11 _____
- 12pm _____
- 1 _____
- 2 _____
- 3 _____
- 4 _____
- 5 _____
- 6 _____
- 7 _____
- 8 _____
- 9 _____

Evening Release

Joyful Moment

Today my child made me smile when _____
_____

Releasing Steam

The most frustrating thing that happened today was _____
_____

Tomorrow I will handle this situation by _____
_____

See Into Me

When I was a child my favorite beverage to drink was _____
and my child's is _____

Winning Everyday

Today I was able to accomplish _____
_____

Morning Jumpstart

DATE: _____   DAILY HABIT: _____

Affirmation

I AM GRATEFUL FOR:
1. _____
2. _____
3. _____

EXERCISE

I'M EXCITED TO EXPERIENCE:
1. _____ by myself
2. _____ with my kid(s)
3. _____ with my friend/partner

KID'S EXERCISE

GET IT DONE PRIORITIES

PERSONAL TASKS
- ☐ _____
- ☐ _____
- ☐ _____
- ☐ _____
- ☐ _____

KID'S TASKS
- ☐ _____
- ☐ _____
- ☐ _____
- ☐ _____
- ☐ _____

SCHEDULE
- 6am _____
- 7 _____
- 8 _____
- 9 _____
- 10 _____
- 11 _____
- 12pm _____
- 1 _____
- 2 _____
- 3 _____
- 4 _____
- 5 _____
- 6 _____
- 7 _____
- 8 _____
- 9 _____

Evening Release

Joyful Moment

Today my child made me smile when _____
_____

Releasing Steam

The most frustrating thing that happened today was _____
_____

Tomorrow I will handle this situation by _____
_____

See Into Me

When I was a child, I _____ *water and my child*
_____ *water.*

Winning Everyday

Today I was able to accomplish _____
_____

Personal Challenge

DATE:_____

Call a friend that you have not spoken to with the intention to connect. What did you talk about? How do you feel? Reflect below.

ALL THE WAYS I ROCKED

☐ _____
☐ _____
☐ _____
☐ _____
☐ _____

> "Three Steps to Self-Love first, Self-love can manifest itself in a caring and practical way through deliberate, mindful and fulfilling actions or commitments. Second, that self-love is something you can aim to cultivate every day as it will bring both meaning and magic to the mundane. And lastly, the more you honour specific commitments and responsibilities to yourself and to others every day, the more you will anchor yourself in self-love in order to fulfill other important aspects of your life."

CHRISTINA BELLEVUE

Morning Jumpstart

DATE: _____ DAILY HABIT: _____

Affirmation

I AM GRATEFUL FOR:
1. _____
2. _____
3. _____

EXERCISE

I'M EXCITED TO EXPERIENCE:
1. _____
   _____ by myself
2. _____
   _____ with my kid(s)
3. _____
   _____ with my friend/partner

KID'S EXERCISE

GET IT DONE PRIORITIES

PERSONAL TASKS
- ☐ _____
- ☐ _____
- ☐ _____
- ☐ _____
- ☐ _____

KID'S TASKS
- ☐ _____
- ☐ _____
- ☐ _____
- ☐ _____
- ☐ _____

SCHEDULE
- 6am _____
- 7 _____
- 8 _____
- 9 _____
- 10 _____
- 11 _____
- 12pm _____
- 1 _____
- 2 _____
- 3 _____
- 4 _____
- 5 _____
- 6 _____
- 7 _____
- 8 _____
- 9 _____

Evening Release

Joyful Moment

Today my child made me smile when _____
_____

Releasing Steam

The most frustrating thing that happened today was _____
_____

Tomorrow I will handle this situation by _____
_____

See Into Me

As a child, visits to the dentist made me feel _____ *and my child feels* _____ *when they have a dental appointment.*

Winning Everyday

Today I was able to accomplish _____
_____

Morning Jumpstart

DATE: _____ DAILY HABIT: _____

Affirmation

I AM GRATEFUL FOR:	I'M EXCITED TO EXPERIENCE:
1. _____	1. _____
2. _____	_____ by myself
3. _____	2. _____
	_____ with my kid(s)
	3. _____
	_____ with my friend/partner
EXERCISE	**KID'S EXERCISE**

GET IT DONE PRIORITIES

PERSONAL TASKS
- ☐ _____
- ☐ _____
- ☐ _____
- ☐ _____
- ☐ _____

KID'S TASKS
- ☐ _____
- ☐ _____
- ☐ _____
- ☐ _____
- ☐ _____

SCHEDULE
- 6am _____
- 7 _____
- 8 _____
- 9 _____
- 10 _____
- 11 _____
- 12pm _____
- 1 _____
- 2 _____
- 3 _____
- 4 _____
- 5 _____
- 6 _____
- 7 _____
- 8 _____
- 9 _____

Evening Release

Joyful Moment

Today my child made me smile when _____
_____

Releasing Steam

The most frustrating thing that happened today was _____
_____

Tomorrow I will handle this situation by _____
_____

See Into Me

When I was a child and had to sit still I would _____
_____ *and when my child has to sit still, they*
_____

Winning Everyday

Today I was able to accomplish _____
_____

Morning Jumpstart

DATE:_____   DAILY HABIT: _____

Affirmation

I AM GRATEFUL FOR:
1. _____
   _____
2. _____
   _____
3. _____
   _____

EXERCISE

I'M EXCITED TO EXPERIENCE:
1. _____
   _____ by myself
2. _____
   _____ with my kid(s)
3. _____
   _____ with my friend/partner

KID'S EXERCISE

GET IT DONE PRIORITIES

PERSONAL TASKS
- ☐ _____
- ☐ _____
- ☐ _____
- ☐ _____
- ☐ _____

KID'S TASKS
- ☐ _____
- ☐ _____
- ☐ _____
- ☐ _____
- ☐ _____

SCHEDULE

6am _____
7 _____
8 _____
9 _____
10 _____
11 _____
12pm _____
1 _____
2 _____
3 _____
4 _____
5 _____
6 _____
7 _____
8 _____
9 _____

Evening Release

Joyful Moment

Today my child made me smile when _____
_____

Releasing Steam

The most frustrating thing that happened today was _____
_____

Tomorrow I will handle this situation by _____
_____

See Into Me

When I was a child I felt _____ *about exercising and my child feels* _____ *about it.*

Winning Everyday

Today I was able to accomplish _____
_____

Family Challenge

DATE:_____

It's Karaoke! Have a karaoke battle with your kids and share your favorite songs while learning theirs. What was the best part of this activity? Reflect below.

_____
_____
_____
_____
_____
_____
_____
_____
_____
_____
_____
_____
_____
_____
_____
_____

ALL THE WAYS I ROCKED

- [ ] _____
- [ ] _____
- [ ] _____
- [ ] _____
- [ ] _____

"We are not the designer of their destiny; we are the protector of their soul" ASHIA ERVIN

Morning Jumpstart

DATE: _____ DAILY HABIT: _____

Affirmation

I AM GRATEFUL FOR:
1. _____
2. _____
3. _____

I'M EXCITED TO EXPERIENCE:
1. _____
   _____ by myself
2. _____
   _____ with my kid(s)
3. _____
   _____ with my friend/partner

EXERCISE

KID'S EXERCISE

GET IT DONE PRIORITIES

PERSONAL TASKS
- ☐ _____
- ☐ _____
- ☐ _____
- ☐ _____
- ☐ _____

KID'S TASKS
- ☐ _____
- ☐ _____
- ☐ _____
- ☐ _____
- ☐ _____

SCHEDULE
- 6am _____
- 7 _____
- 8 _____
- 9 _____
- 10 _____
- 11 _____
- 12pm _____
- 1 _____
- 2 _____
- 3 _____
- 4 _____
- 5 _____
- 6 _____
- 7 _____
- 8 _____
- 9 _____

Evening Release

Joyful Moment

Today my child made me smile when _____
_____

Releasing Steam

The most frustrating thing that happened today was _____
_____

Tomorrow I will handle this situation by _____
_____

See Into Me

When I was a child, I _____ *when I had to compete and my child* _____ *when they have to compete.*

Winning Everyday

Today I was able to accomplish _____
_____

LAST WEEK REVIEW

"Give a child a blank canvas and watch them paint the world"

When you think about last week what are the 3 accomplishments that made you excited and joyful.
1. _____
2. _____
3. _____

This week I shared a moment with my kids and appreciated that they...
1. _____
2. _____
3. _____

Next week I will do these 3 things to accomplish my goals...
1. _____
2. _____
3. _____

Weekly Goals DATE: _____

FAMILY MANTRA: _____

Four corners of my life

- **SELF CARE:**
- **WORK:**
- **RELATIONSHIP:**
- **HEALTH:**

Child's corner of the world

- **ACADEMIC:**
- **FITNESS/HEALTH:**
- **SOCIAL:**
- **MY CHILD LOVES:**

This week I will try to _____

The habit I am focusing on this week is _____
_____

This week I am excited about _____
_____

As a family we will_____

WEEKLY ADVENTURE

Morning Jumpstart

DATE:_____   DAILY HABIT:_____

Affirmation

I AM GRATEFUL FOR:
1. _____
2. _____
3. _____

EXERCISE

I'M EXCITED TO EXPERIENCE:
1. _____
   _____ by myself
2. _____
   _____ with my kid(s)
3. _____
   _____ with my friend/partner

KID'S EXERCISE

GET IT DONE PRIORITIES

PERSONAL TASKS
- [ ] _____
- [ ] _____
- [ ] _____
- [ ] _____
- [ ] _____

KID'S TASKS
- [ ] _____
- [ ] _____
- [ ] _____
- [ ] _____
- [ ] _____

SCHEDULE
- 6am _____
- 7 _____
- 8 _____
- 9 _____
- 10 _____
- 11 _____
- 12pm _____
- 1 _____
- 2 _____
- 3 _____
- 4 _____
- 5 _____
- 6 _____
- 7 _____
- 8 _____
- 9 _____

Evening Release

Joyful Moment

Today my child made me smile when _____
_____

Releasing Steam

The most frustrating thing that happened today was _____
_____

Tomorrow I will handle this situation by _____
_____

See Into Me

When I was a child and the teacher called on me in class I felt _____
_____ *and my child feels* _____

Winning Everyday

Today I was able to accomplish _____
_____

Morning Jumpstart

DATE: _____   DAILY HABIT: _____

Affirmation

I AM GRATEFUL FOR:
1. _____
2. _____
3. _____

I'M EXCITED TO EXPERIENCE:
1. _____ by myself
2. _____ with my kid(s)
3. _____ with my friend/partner

EXERCISE

KID'S EXERCISE

GET IT DONE PRIORITIES

PERSONAL TASKS
- ☐ _____
- ☐ _____
- ☐ _____
- ☐ _____
- ☐ _____

KID'S TASKS
- ☐ _____
- ☐ _____
- ☐ _____
- ☐ _____
- ☐ _____

SCHEDULE
- 6am _____
- 7 _____
- 8 _____
- 9 _____
- 10 _____
- 11 _____
- 12pm _____
- 1 _____
- 2 _____
- 3 _____
- 4 _____
- 5 _____
- 6 _____
- 7 _____
- 8 _____
- 9 _____

Evening Release

Joyful Moment

Today my child made me smile when _____
_____

Releasing Steam

The most frustrating thing that happened today was _____
_____

Tomorrow I will handle this situation by _____
_____

See Into Me

When I would speak to my parent(s) as a child and felt as if they weren't listening it made me feel _____ *and when my child feels like I'm not listening it makes them feel* _____

Winning Everyday

Today I was able to accomplish _____
_____

Morning Jumpstart

DATE: _____   DAILY HABIT: _____

Affirmation

I AM GRATEFUL FOR:
1. _____
2. _____
3. _____

EXERCISE

I'M EXCITED TO EXPERIENCE:
1. _____
   _____ by myself
2. _____
   _____ with my kid(s)
3. _____
   _____ with my friend/partner

KID'S EXERCISE

GET IT DONE PRIORITIES

PERSONAL TASKS
- [ ] _____
- [ ] _____
- [ ] _____
- [ ] _____
- [ ] _____

KID'S TASKS
- [ ] _____
- [ ] _____
- [ ] _____
- [ ] _____
- [ ] _____

SCHEDULE
6am _____
7 _____
8 _____
9 _____
10 _____
11 _____
12pm _____
1 _____
2 _____
3 _____
4 _____
5 _____
6 _____
7 _____
8 _____
9 _____

Evening Release

Joyful Moment

Today my child made me smile when _____
_____

Releasing Steam

The most frustrating thing that happened today was _____
_____

Tomorrow I will handle this situation by _____
_____

See Into Me

When I was a child my favorite amusement ride was _____
_____ *and my child's favorite amusement park ride is*
_____.

Winning Everyday

Today I was able to accomplish _____
_____

Personal Challenge

DATE: _____

Zen through art: Complete an art therapy coloring page.
(go to joyfulfamilyplanner.com/resources)
What did you discover about yourself?

_____
_____
_____
_____
_____
_____
_____
_____
_____
_____
_____
_____
_____
_____
_____
_____

ALL THE WAYS I ROCKED

☐ _____
☐ _____
☐ _____
☐ _____
☐ _____

> *"The only way you know you love yourself or anyone else is by the commitments you are willing to make and keep."*

DR. PATRICIA ALLEN

Morning Jumpstart

DATE:_____   DAILY HABIT:_____

Affirmation

I AM GRATEFUL FOR:
1. _____
2. _____
3. _____

EXERCISE

I'M EXCITED TO EXPERIENCE:
1. _____
   _____ by myself
2. _____
   _____ with my kid(s)
3. _____
   _____ with my friend/partner

KID'S EXERCISE

GET IT DONE PRIORITIES

PERSONAL TASKS
- ☐ _____
- ☐ _____
- ☐ _____
- ☐ _____
- ☐ _____

KID'S TASKS
- ☐ _____
- ☐ _____
- ☐ _____
- ☐ _____
- ☐ _____

SCHEDULE
- 6am _____
- 7 _____
- 8 _____
- 9 _____
- 10 _____
- 11 _____
- 12pm _____
- 1 _____
- 2 _____
- 3 _____
- 4 _____
- 5 _____
- 6 _____
- 7 _____
- 8 _____
- 9 _____

Evening Release

Joyful Moment

Today my child made me smile when _____
_____

Releasing Steam

The most frustrating thing that happened today was _____
_____

Tomorrow I will handle this situation by _____
_____

See Into Me

When I was a child _____ *made me feel safe
and* _____ *makes my child feel safe.*

Winning Everyday

Today I was able to accomplish _____
_____

Morning Jumpstart

DATE: _____ DAILY HABIT: _____

Affirmation

I AM GRATEFUL FOR:
1. _____
2. _____
3. _____

EXERCISE

I'M EXCITED TO EXPERIENCE:
1. _____ by myself
2. _____ with my kid(s)
3. _____ with my friend/partner

KID'S EXERCISE

GET IT DONE PRIORITIES

PERSONAL TASKS
- ☐ _____
- ☐ _____
- ☐ _____
- ☐ _____
- ☐ _____

KID'S TASKS
- ☐ _____
- ☐ _____
- ☐ _____
- ☐ _____
- ☐ _____

SCHEDULE
- 6am _____
- 7 _____
- 8 _____
- 9 _____
- 10 _____
- 11 _____
- 12pm _____
- 1 _____
- 2 _____
- 3 _____
- 4 _____
- 5 _____
- 6 _____
- 7 _____
- 8 _____
- 9 _____

Evening Release

Joyful Moment

Today my child made me smile when _____
_____

Releasing Steam

The most frustrating thing that happened today was _____
_____

Tomorrow I will handle this situation by _____
_____

See Into Me

When I was a child I loved to _____ *when it was hot outside and my child loves to* _____.

Winning Everyday

Today I was able to accomplish _____
_____

Morning Jumpstart

DATE:_____   DAILY HABIT:_____

Affirmation

I AM GRATEFUL FOR:	I'M EXCITED TO EXPERIENCE:
1. _____	1. _____
_____	_____ by myself
2. _____	2. _____
_____	_____ with my kid(s)
3. _____	3. _____
_____	_____ with my friend/partner
EXERCISE	**KID'S EXERCISE**

GET IT DONE PRIORITIES

_____

_____

PERSONAL TASKS
- ☐ _____
- ☐ _____
- ☐ _____
- ☐ _____
- ☐ _____

KID'S TASKS
- ☐ _____
- ☐ _____
- ☐ _____
- ☐ _____
- ☐ _____

SCHEDULE
- 6am _____
- 7 _____
- 8 _____
- 9 _____
- 10 _____
- 11 _____
- 12pm _____
- 1 _____
- 2 _____
- 3 _____
- 4 _____
- 5 _____
- 6 _____
- 7 _____
- 8 _____
- 9 _____

Evening Release

Joyful Moment

Today my child made me smile when _____
_____

Releasing Steam

The most frustrating thing that happened today was _____
_____

Tomorrow I will handle this situation by _____
_____

See Into Me

When I was a child I loved to _____ *when I was bored and my child loves to* _____ .

Winning Everyday

Today I was able to accomplish _____
_____

DATE:_____

Building the Idea: Have your kids call relatives/friends to discuss their ideas. What stood out the most about their conversations? Reflect below.

ALL THE WAYS I ROCKED

- ☐ _____
- ☐ _____
- ☐ _____
- ☐ _____
- ☐ _____

> "When little people are overwhelmed by big emotions, its our job to share our calm, not their chaos."
>
> — L.R. KNOST

Morning Jumpstart

DATE:_____   DAILY HABIT: _____

Affirmation

I AM GRATEFUL FOR:
1. _____
2. _____
3. _____

I'M EXCITED TO EXPERIENCE:
1. _____ by myself
2. _____ with my kid(s)
3. _____ with my friend/partner

EXERCISE

KID'S EXERCISE

GET IT DONE PRIORITIES

PERSONAL TASKS
- ☐ _____
- ☐ _____
- ☐ _____
- ☐ _____
- ☐ _____

KID'S TASKS
- ☐ _____
- ☐ _____
- ☐ _____
- ☐ _____
- ☐ _____

SCHEDULE
- 6am _____
- 7 _____
- 8 _____
- 9 _____
- 10 _____
- 11 _____
- 12pm _____
- 1 _____
- 2 _____
- 3 _____
- 4 _____
- 5 _____
- 6 _____
- 7 _____
- 8 _____
- 9 _____

Evening Release

Joyful Moment

Today my child made me smile when _____
_____

Releasing Steam

The most frustrating thing that happened today was _____
_____

Tomorrow I will handle this situation by _____
_____

See Into Me

When I was a child my favorite tv show was _____
and my child's is _____

Winning Everyday

Today I was able to accomplish _____
_____

LAST WEEK REVIEW

"A child's dreams are like pebbles that you use to build their realities."

When you think about last week what are the 3 accomplishments that made you excited and joyful.
1. _____
2. _____
3. _____

This week I shared a moment with my kids and appreciated that they...
1. _____
2. _____
3. _____

Next week I will do these 3 things to accomplish my goals...
1. _____
2. _____
3. _____

Weekly Goals   DATE: _____

FAMILY MANTRA: _____

Four corners of my life

- **SELF CARE:**
- **WORK:**
- **RELATIONSHIP:**
- **HEALTH:**

Child's corner of the world

- **ACADEMIC:**
- **FITNESS/HEALTH:**
- **SOCIAL:**
- **MY CHILD LOVES:**

This week I will try to _____

The habit I am focusing on this week is _____

_____

This week I am excited about _____

_____

As a family we will _____

WEEKLY ADVENTURE

"Breathe out stress and smile."

MONTH: _____

SUNDAY	MONDAY	TUESDAY	WEDNESDAY

FAMILY GOALS
1. _____
2. _____
3. _____

KIDS' GOALS
1. _____
2. _____
3. _____

PERSONAL GOALS
1. _____
2. _____
3. _____

THURSDAY	FRIDAY	SATURDAY

SELF-DISCOVERY

BEFORE I HAD KIDS, I LOVED TO _____
_____
_____.

THIS MONTH I WILL _____
_____
_____.

LIVE LIFE

I'VE ALWAYS WANTED TO _____
_____
_____.

THIS MONTH I WILL _____
_____
_____.

This month's wins

This month I learned

FAMILY PLANS/PROJECTS

1.

2.

3.

Morning Jumpstart

DATE: _____   DAILY HABIT: _____

Affirmation

I AM GRATEFUL FOR:
1. _____
   _____
2. _____
   _____
3. _____
   _____

EXERCISE

I'M EXCITED TO EXPERIENCE:
1. _____
   _____ by myself
2. _____
   _____ with my kid(s)
3. _____
   _____ with my friend/partner

KID'S EXERCISE

GET IT DONE PRIORITIES

PERSONAL TASKS
- ☐ _____
- ☐ _____
- ☐ _____
- ☐ _____
- ☐ _____

KID'S TASKS
- ☐ _____
- ☐ _____
- ☐ _____
- ☐ _____
- ☐ _____

SCHEDULE

6am _____
7 _____
8 _____
9 _____
10 _____
11 _____
12pm _____
1 _____
2 _____
3 _____
4 _____
5 _____
6 _____
7 _____
8 _____
9 _____

Evening Release

Joyful Moment

Today my child made me smile when _____
_____

Releasing Steam

The most frustrating thing that happened today was _____
_____

Tomorrow I will handle this situation by _____
_____

See Into Me

*When I was a child my favorite book/genre to read was*_____
and my child's favorite book/genre is _____

Winning Everyday

Today I was able to accomplish _____
_____

Morning Jumpstart

DATE: _____ DAILY HABIT: _____

Affirmation

I AM GRATEFUL FOR:
1. _____
2. _____
3. _____

EXERCISE

I'M EXCITED TO EXPERIENCE:
1. _____
   _____ by myself
2. _____
   _____ with my kid(s)
3. _____
   _____ with my friend/partner

KID'S EXERCISE

GET IT DONE PRIORITIES

PERSONAL TASKS
- ☐ _____
- ☐ _____
- ☐ _____
- ☐ _____
- ☐ _____

KID'S TASKS
- ☐ _____
- ☐ _____
- ☐ _____
- ☐ _____
- ☐ _____

SCHEDULE
- 6am _____
- 7 _____
- 8 _____
- 9 _____
- 10 _____
- 11 _____
- 12pm _____
- 1 _____
- 2 _____
- 3 _____
- 4 _____
- 5 _____
- 6 _____
- 7 _____
- 8 _____
- 9 _____

Evening Release

Joyful Moment

Today my child made me smile when _____
_____

Releasing Steam

The most frustrating thing that happened today was _____
_____

Tomorrow I will handle this situation by _____
_____

See Into Me

When I was a child I loved to _____ *and my child loves to* _____

Winning Everyday

Today I was able to accomplish _____
_____

Morning Jumpstart

DATE: _____   DAILY HABIT: _____

Affirmation

I AM GRATEFUL FOR:
1. _____
2. _____
3. _____

I'M EXCITED TO EXPERIENCE:
1. _____ by myself
2. _____ with my kid(s)
3. _____ with my friend/partner

EXERCISE

KID'S EXERCISE

GET IT DONE PRIORITIES

PERSONAL TASKS
- ☐ _____
- ☐ _____
- ☐ _____
- ☐ _____
- ☐ _____

SCHEDULE
- 6am _____
- 7 _____
- 8 _____
- 9 _____
- 10 _____
- 11 _____
- 12pm _____
- 1 _____
- 2 _____
- 3 _____
- 4 _____
- 5 _____
- 6 _____
- 7 _____
- 8 _____
- 9 _____

KID'S TASKS
- ☐ _____
- ☐ _____
- ☐ _____
- ☐ _____
- ☐ _____

Evening Release

Joyful Moment

Today my child made me smile when _____
_____

Releasing Steam

The most frustrating thing that happened today was _____
_____

Tomorrow I will handle this situation by _____
_____

See Into Me

*My most embarrassing moment as a kid was when*_____
_____ *and my child's most embarrassing moment was when*
_____

Winning Everyday

Today I was able to accomplish _____
_____

Personal Challenge

DATE:_____

Choose one thing you love to do and schedule one hour to do it. What did you choose to do? Why? Reflect below.

_____
_____
_____
_____
_____
_____
_____
_____
_____
_____
_____
_____
_____
_____
_____
_____
_____

ALL THE WAYS I ROCKED

- [ ] _____
- [ ] _____
- [ ] _____
- [ ] _____
- [ ] _____

"*You can't pour from an empty cup. Take care of yourself.*"

Morning Jumpstart

DATE:_____ DAILY HABIT: _____

Affirmation

I AM GRATEFUL FOR:
1. _____
2. _____
3. _____

EXERCISE

I'M EXCITED TO EXPERIENCE:
1. _____
   _____ by myself
2. _____
   _____ with my kid(s)
3. _____
   _____ with my friend/partner

KID'S EXERCISE

GET IT DONE PRIORITIES

PERSONAL TASKS
- ☐ _____
- ☐ _____
- ☐ _____
- ☐ _____
- ☐ _____

KID'S TASKS
- ☐ _____
- ☐ _____
- ☐ _____
- ☐ _____
- ☐ _____

SCHEDULE

6am _____
7 _____
8 _____
9 _____
10 _____
11 _____
12pm _____
1 _____
2 _____
3 _____
4 _____
5 _____
6 _____
7 _____
8 _____
9 _____

Evening Release

Joyful Moment

Today my child made me smile when _____
_____

Releasing Steam

The most frustrating thing that happened today was _____
_____

Tomorrow I will handle this situation by _____
_____

See Into Me

When I was a kid my favorite treat was _____
because it made me feel _____ *and my*
child's favorite treat is _____

Winning Everyday

Today I was able to accomplish _____
_____

Morning Jumpstart

DATE:_____   DAILY HABIT:_____

Affirmation

I AM GRATEFUL FOR:
1. _____
   _____
2. _____
   _____
3. _____
   _____

EXERCISE

I'M EXCITED TO EXPERIENCE:
1. _____
   _____ by myself
2. _____
   _____ with my kid(s)
3. _____
   _____ with my friend/partner

KID'S EXERCISE

GET IT DONE PRIORITIES

PERSONAL TASKS
- [ ] _____
- [ ] _____
- [ ] _____
- [ ] _____
- [ ] _____

KID'S TASKS
- [ ] _____
- [ ] _____
- [ ] _____
- [ ] _____
- [ ] _____

SCHEDULE
6am _____
7 _____
8 _____
9 _____
10 _____
11 _____
12pm _____
1 _____
2 _____
3 _____
4 _____
5 _____
6 _____
7 _____
8 _____
9 _____

Evening Release

Joyful Moment

Today my child made me smile when _____
_____

Releasing Steam

The most frustrating thing that happened today was _____
_____

Tomorrow I will handle this situation by _____
_____

See Into Me

When I was a child _____ *movie scared me and my child gets scared when they watch* _____

Winning Everyday

Today I was able to accomplish _____
_____

Morning Jumpstart

DATE: _____   DAILY HABIT: _____

Affirmation

I AM GRATEFUL FOR:
1. _____
   _____
2. _____
   _____
3. _____
   _____

I'M EXCITED TO EXPERIENCE:
1. _____
   _____ by myself
2. _____
   _____ with my kid(s)
3. _____
   _____ with my friend/partner

EXERCISE

KID'S EXERCISE

GET IT DONE PRIORITIES

PERSONAL TASKS
- ☐ _____
- ☐ _____
- ☐ _____
- ☐ _____
- ☐ _____

KID'S TASKS
- ☐ _____
- ☐ _____
- ☐ _____
- ☐ _____
- ☐ _____

SCHEDULE
- 6am _____
- 7 _____
- 8 _____
- 9 _____
- 10 _____
- 11 _____
- 12pm _____
- 1 _____
- 2 _____
- 3 _____
- 4 _____
- 5 _____
- 6 _____
- 7 _____
- 8 _____
- 9 _____

Evening Release

Joyful Moment

Today my child made me smile when _____
_____

Releasing Steam

The most frustrating thing that happened today was _____
_____

Tomorrow I will handle this situation by _____
_____

See Into Me

When I was a child I loved when my parent(s) let me help them _____
_____ *and my*
child likes when I let them help me _____

Winning Everyday

Today I was able to accomplish _____
_____

# Family Challenge

DATE:_____

Love Showers: For one minute everyone SHOUTS all the things they love about each other. How did your kids respond? How did you feel?

ALL THE WAYS I ROCKED

- ☐ _____
- ☐ _____
- ☐ _____
- ☐ _____
- ☐ _____

"*Above all, children need our unconditional love, whether they succeed or make mistakes; when life is easy and when life is tough.*" BARACK OBAMA

Morning Jumpstart

DATE: _____   DAILY HABIT: _____

Affirmation

I AM GRATEFUL FOR:
1. _____
   _____
2. _____
   _____
3. _____
   _____

EXERCISE

I'M EXCITED TO EXPERIENCE:
1. _____
   _____ by myself
2. _____
   _____ with my kid(s)
3. _____
   _____ with my friend/partner

KID'S EXERCISE

GET IT DONE PRIORITIES

PERSONAL TASKS
☐ _____
☐ _____
☐ _____
☐ _____
☐ _____

KID'S TASKS
☐ _____
☐ _____
☐ _____
☐ _____
☐ _____

SCHEDULE
6am _____
7 _____
8 _____
9 _____
10 _____
11 _____
12pm _____
1 _____
2 _____
3 _____
4 _____
5 _____
6 _____
7 _____
8 _____
9 _____

Evening Release

Joyful Moment

Today my child made me smile when _____
_____

Releasing Steam

The most frustrating thing that happened today was _____
_____

Tomorrow I will handle this situation by _____
_____

See Into Me

When I was a child I couldn't wait to get older so that I could do _____ _____ *and now my child can't wait to do* _____

Winning Everyday

Today I was able to accomplish _____
_____

LAST WEEK REVIEW

"Time= Life, therefore, waste your time and waste your life or master your time and master your life." - Alan Laken

When you think about last week what are the 3 accomplishments that made you excited and joyful.
1._____
2._____
3._____

This week I shared a moment with my kids and appreciated that they...
1._____
2._____
3._____

Next week I will do these 3 things to accomplish my goals...
1._____
2._____
3._____

Weekly Goals

DATE: _____

FAMILY MANTRA: _____

Four corners of my life

SELF CARE:

WORK:

RELATIONSHIP:

HEALTH:

Child's corner of the world

ACADEMIC:

FITNESS/HEALTH:

SOCIAL:

MY CHILD LOVES:

This week I will try to _____

The habit I am focusing on this week is _____

_____

This week I am excited about _____

_____

As a family we will _____

WEEKLY ADVENTURE

Morning Jumpstart

DATE:_____   DAILY HABIT:_____

Affirmation

I AM GRATEFUL FOR:
1. _____
   _____
2. _____
   _____
3. _____
   _____

EXERCISE

I'M EXCITED TO EXPERIENCE:
1. _____
   _____ by myself
2. _____
   _____ with my kid(s)
3. _____
   _____ with my friend/partner

KID'S EXERCISE

GET IT DONE PRIORITIES

PERSONAL TASKS
- ☐ _____
- ☐ _____
- ☐ _____
- ☐ _____
- ☐ _____

KID'S TASKS
- ☐ _____
- ☐ _____
- ☐ _____
- ☐ _____
- ☐ _____

SCHEDULE
6am _____
7 _____
8 _____
9 _____
10 _____
11 _____
12pm _____
1 _____
2 _____
3 _____
4 _____
5 _____
6 _____
7 _____
8 _____
9 _____

Evening Release

Joyful Moment

Today my child made me smile when _____
_____

Releasing Steam

The most frustrating thing that happened today was _____
_____

Tomorrow I will handle this situation by _____
_____

See Into Me

When I was a child and a friend was mean to me, I felt _____
_____ *and my child feels* _____
_____.

Winning Everyday

Today I was able to accomplish _____
_____

Morning Jumpstart

DATE:_____ DAILY HABIT: _____

Affirmation

I AM GRATEFUL FOR:
1. _____
   _____
2. _____
   _____
3. _____
   _____

EXERCISE

I'M EXCITED TO EXPERIENCE:
1. _____
   _____ by myself
2. _____
   _____ with my kid(s)
3. _____
   _____ with my friend/partner

KID'S EXERCISE

GET IT DONE PRIORITIES

PERSONAL TASKS
- ☐ _____
- ☐ _____
- ☐ _____
- ☐ _____
- ☐ _____

KID'S TASKS
- ☐ _____
- ☐ _____
- ☐ _____
- ☐ _____
- ☐ _____

SCHEDULE
- 6am _____
- 7 _____
- 8 _____
- 9 _____
- 10 _____
- 11 _____
- 12pm _____
- 1 _____
- 2 _____
- 3 _____
- 4 _____
- 5 _____
- 6 _____
- 7 _____
- 8 _____
- 9 _____

Evening Release

Joyful Moment

Today my child made me smile when _____
_____

Releasing Steam

The most frustrating thing that happened today was _____
_____

Tomorrow I will handle this situation by _____
_____

See Into Me

When I was a child my favorite relative was my _____ *and my child's is* _____

Winning Everyday

Today I was able to accomplish _____
_____

Morning Jumpstart

DATE: _____   DAILY HABIT: _____

Affirmation

I AM GRATEFUL FOR:
1. _____
   _____
2. _____
   _____
3. _____
   _____

EXERCISE

I'M EXCITED TO EXPERIENCE:
1. _____
   _____ by myself
2. _____
   _____ with my kid(s)
3. _____
   _____ with my friend/partner

KID'S EXERCISE

GET IT DONE PRIORITIES

PERSONAL TASKS
- ☐ _____
- ☐ _____
- ☐ _____
- ☐ _____
- ☐ _____

KID'S TASKS
- ☐ _____
- ☐ _____
- ☐ _____
- ☐ _____
- ☐ _____

SCHEDULE
- 6am _____
- 7 _____
- 8 _____
- 9 _____
- 10 _____
- 11 _____
- 12pm _____
- 1 _____
- 2 _____
- 3 _____
- 4 _____
- 5 _____
- 6 _____
- 7 _____
- 8 _____
- 9 _____

Evening Release

Joyful Moment

Today my child made me smile when _____
_____

Releasing Steam

The most frustrating thing that happened today was _____
_____

Tomorrow I will handle this situation by _____
_____

See Into Me

When I was a child I loved when my parent(s) _____ *on road trips and my child loves when I* _____ *on road trips with them.*

Winning Everyday

Today I was able to accomplish _____
_____

Personal Challenge

DATE:_____

Listen to your favorite genre of music for 20 minutes. For these 20 minutes immerse yourself in the rhythm, lyrics and be present to any emotions you feel. Reflect on your experience below.

_____
_____
_____
_____
_____
_____
_____
_____
_____
_____
_____
_____
_____
_____
_____
_____
_____
_____

ALL THE WAYS I ROCKED

☐ _____
☐ _____
☐ _____
☐ _____
☐ _____

> "The relationship with yourself sets the tone for every other relationship you have."
>
> JANE TRAVIS

Morning Jumpstart

DATE: _____ DAILY HABIT: _____

Affirmation

I AM GRATEFUL FOR:
1. _____
   _____
2. _____
   _____
3. _____
   _____

EXERCISE

I'M EXCITED TO EXPERIENCE:
1. _____
   _____ by myself
2. _____
   _____ with my kid(s)
3. _____
   _____ with my friend/partner

KID'S EXERCISE

GET IT DONE PRIORITIES

PERSONAL TASKS
- [ ] _____
- [ ] _____
- [ ] _____
- [ ] _____
- [ ] _____

KID'S TASKS
- [ ] _____
- [ ] _____
- [ ] _____
- [ ] _____
- [ ] _____

SCHEDULE
- 6am _____
- 7 _____
- 8 _____
- 9 _____
- 10 _____
- 11 _____
- 12pm _____
- 1 _____
- 2 _____
- 3 _____
- 4 _____
- 5 _____
- 6 _____
- 7 _____
- 8 _____
- 9 _____

Evening Release

Joyful Moment

Today my child made me smile when _____
_____

Releasing Steam

The most frustrating thing that happened today was _____
_____

Tomorrow I will handle this situation by _____
_____

See Into Me

When I was a child my favorite school trip was to the _____
and my child's favorite field trip so far is _____

Winning Everyday

Today I was able to accomplish _____
_____

Morning Jumpstart

DATE: _____   DAILY HABIT: _____

Affirmation

I AM GRATEFUL FOR:
1. _____
   _____
2. _____
   _____
3. _____
   _____

EXERCISE

I'M EXCITED TO EXPERIENCE:
1. _____
   _____ by myself
2. _____
   _____ with my kid(s)
3. _____
   _____ with my friend/partner

KID'S EXERCISE

GET IT DONE PRIORITIES

PERSONAL TASKS
- [ ] _____
- [ ] _____
- [ ] _____
- [ ] _____
- [ ] _____

KID'S TASKS
- [ ] _____
- [ ] _____
- [ ] _____
- [ ] _____
- [ ] _____

SCHEDULE
- 6am _____
- 7 _____
- 8 _____
- 9 _____
- 10 _____
- 11 _____
- 12pm _____
- 1 _____
- 2 _____
- 3 _____
- 4 _____
- 5 _____
- 6 _____
- 7 _____
- 8 _____
- 9 _____

Evening Release

Joyful Moment

Today my child made me smile when _____
_____

Releasing Steam

The most frustrating thing that happened today was _____
_____

Tomorrow I will handle this situation by _____
_____

See Into Me

When I was a child I _____ *attention and my child*
_____ *attention*

Winning Everyday

Today I was able to accomplish _____
_____

Morning Jumpstart

DATE: _____   DAILY HABIT: _____

Affirmation

I AM GRATEFUL FOR:	I'M EXCITED TO EXPERIENCE:
1. _____	1. _____
2. _____	_____ by myself
3. _____	2. _____
	_____ with my kid(s)
	3. _____
	_____ with my friend/partner
EXERCISE	**KID'S EXERCISE**

GET IT DONE PRIORITIES

PERSONAL TASKS
- ☐ _____
- ☐ _____
- ☐ _____
- ☐ _____
- ☐ _____

KID'S TASKS
- ☐ _____
- ☐ _____
- ☐ _____
- ☐ _____
- ☐ _____

SCHEDULE
6am _____
7 _____
8 _____
9 _____
10 _____
11 _____
12pm _____
1 _____
2 _____
3 _____
4 _____
5 _____
6 _____
7 _____
8 _____
9 _____

Evening Release

Joyful Moment

Today my child made me smile when _____
_____

Releasing Steam

The most frustrating thing that happened today was _____
_____

Tomorrow I will handle this situation by _____
_____

See Into Me

When I was a child my favorite superhero was _____ *and my child's favorite superhero is* _____.

Winning Everyday

Today I was able to accomplish _____
_____

DATE:_____

Idea Scrapbook: Once your child's ideas have become reality take all the notes and create a scrapbook. What did your kids talk about while making the scrapbook? Reflect below.

___

ALL THE WAYS I ROCKED

☐ _____
☐ _____
☐ _____
☐ _____
☐ _____

> "Speak to your child as if they are the wisest, kindest, most beautiful and magical humans on earth, for what they believe is what they will become."

BROOKE HAMPTON

Morning Jumpstart

DATE: _____   DAILY HABIT: _____

Affirmation

I AM GRATEFUL FOR:
1. _____
   _____
2. _____
   _____
3. _____
   _____

EXERCISE

I'M EXCITED TO EXPERIENCE:
1. _____
   _____ by myself
2. _____
   _____ with my kid(s)
3. _____
   _____ with my friend/partner

KID'S EXERCISE

GET IT DONE PRIORITIES

PERSONAL TASKS
- ☐ _____
- ☐ _____
- ☐ _____
- ☐ _____
- ☐ _____

KID'S TASKS
- ☐ _____
- ☐ _____
- ☐ _____
- ☐ _____
- ☐ _____

SCHEDULE

6am _____
7 _____
8 _____
9 _____
10 _____
11 _____
12pm _____
1 _____
2 _____
3 _____
4 _____
5 _____
6 _____
7 _____
8 _____
9 _____

Evening Release

Joyful Moment

Today my child made me smile when _____

_____

Releasing Steam

The most frustrating thing that happened today was _____

_____

Tomorrow I will handle this situation by _____

_____

See Into Me

When I was a child I wrote with my _____ *hand and my child is* _____ *handed.*

Winning Everyday

Today I was able to accomplish _____

_____

LAST WEEK REVIEW

"Rediscover your truth to find your destiny."

When you think about last week what are the 3 accomplishments that made you excited and joyful.
1. _____
2. _____
3. _____

This week I shared a moment with my kids and appreciated that they…
1. _____
2. _____
3. _____

Next week I will do these 3 things to accomplish my goals…
1. _____
2. _____
3. _____

Weekly Goals

DATE: _____

FAMILY MANTRA: _____

Four corners of my life

- **SELF CARE:**
- **WORK:**
- **RELATIONSHIP:**
- **HEALTH:**

Child's corner of the world

- **ACADEMIC:**
- **FITNESS/HEALTH:**
- **SOCIAL:**
- **MY CHILD LOVES:**

This week I will try to _____

The habit I am focusing on this week is _____

_____

This week I am excited about _____

_____

As a family we will_____

WEEKLY ADVENTURE

Morning Jumpstart

DATE: _____   DAILY HABIT: _____

Affirmation

I AM GRATEFUL FOR:	I'M EXCITED TO EXPERIENCE:
1. _____	1. _____ _____ by myself
2. _____	2. _____ _____ with my kid(s)
3. _____	3. _____ _____ with my friend/partner
EXERCISE	**KID'S EXERCISE**

GET IT DONE PRIORITIES

PERSONAL TASKS
- ☐ _____
- ☐ _____
- ☐ _____
- ☐ _____
- ☐ _____

KID'S TASKS
- ☐ _____
- ☐ _____
- ☐ _____
- ☐ _____
- ☐ _____

SCHEDULE
- 6am _____
- 7 _____
- 8 _____
- 9 _____
- 10 _____
- 11 _____
- 12pm _____
- 1 _____
- 2 _____
- 3 _____
- 4 _____
- 5 _____
- 6 _____
- 7 _____
- 8 _____
- 9 _____

Evening Release

Joyful Moment

Today my child made me smile when _____
_____

Releasing Steam

The most frustrating thing that happened today was _____
_____

Tomorrow I will handle this situation by _____
_____

See Into Me

When I was a child I _____ when I lost a tooth and my child _____ when they lose a tooth

Winning Everyday

Today I was able to accomplish _____
_____

Morning Jumpstart

DATE: _____   DAILY HABIT: _____

Affirmation

I AM GRATEFUL FOR:
1. _____
   _____
2. _____
   _____
3. _____
   _____

EXERCISE

I'M EXCITED TO EXPERIENCE:
1. _____
   _____ by myself
2. _____
   _____ with my kid(s)
3. _____
   _____ with my friend/partner

KID'S EXERCISE

GET IT DONE PRIORITIES

PERSONAL TASKS
- ☐ _____
- ☐ _____
- ☐ _____
- ☐ _____
- ☐ _____

KID'S TASKS
- ☐ _____
- ☐ _____
- ☐ _____
- ☐ _____
- ☐ _____

SCHEDULE

6am _____
7 _____
8 _____
9 _____
10 _____
11 _____
12pm _____
1 _____
2 _____
3 _____
4 _____
5 _____
6 _____
7 _____
8 _____
9 _____

Evening Release

Joyful Moment

Today my child made me smile when _____
_____

Releasing Steam

The most frustrating thing that happened today was _____
_____

Tomorrow I will handle this situation by _____
_____

See Into Me

When I was a child my favorite game to play during recess was
_____ *and my child's favorite game is* _____.

Winning Everyday

Today I was able to accomplish _____
_____

Morning Jumpstart

DATE: _____   DAILY HABIT: _____

Affirmation

I AM GRATEFUL FOR:
1. _____
2. _____
3. _____

I'M EXCITED TO EXPERIENCE:
1. _____ by myself
2. _____ with my kid(s)
3. _____ with my friend/partner

EXERCISE

KID'S EXERCISE

GET IT DONE PRIORITIES

PERSONAL TASKS
- ☐ _____
- ☐ _____
- ☐ _____
- ☐ _____
- ☐ _____

SCHEDULE
- 6am _____
- 7 _____
- 8 _____
- 9 _____
- 10 _____
- 11 _____
- 12pm _____
- 1 _____
- 2 _____
- 3 _____
- 4 _____
- 5 _____
- 6 _____
- 7 _____
- 8 _____
- 9 _____

KID'S TASKS
- ☐ _____
- ☐ _____
- ☐ _____
- ☐ _____
- ☐ _____

Evening Release

Joyful Moment

Today my child made me smile when _____
_____

Releasing Steam

The most frustrating thing that happened today was _____
_____

Tomorrow I will handle this situation by _____
_____

See Into Me

When I was a child and it snowed, I loved to _____
_____ *and my child loves to* _____

Winning Everyday

Today I was able to accomplish _____
_____

Personal Challenge

DATE:_____

Guilty Pleasure: Today, indulge yourself with a guilty pleasure, without judgment. We all have them. What is yours and how did it feel? Reflect below.

ALL THE WAYS I ROCKED

- ☐ _____
- ☐ _____
- ☐ _____
- ☐ _____
- ☐ _____

"Self-care is so important. When you take time to replenish your spirit, it allows you to serve others from the overflow. You cannot serve from an empty vessel."

ELEANOR BROWN

Morning Jumpstart

DATE:_____ DAILY HABIT:_____

Affirmation

I AM GRATEFUL FOR:
1. _____
2. _____
3. _____

EXERCISE

I'M EXCITED TO EXPERIENCE:
1. _____
_____ by myself
2. _____
_____ with my kid(s)
3. _____
_____ with my friend/partner

KID'S EXERCISE

GET IT DONE PRIORITIES

PERSONAL TASKS
☐ _____
☐ _____
☐ _____
☐ _____
☐ _____

KID'S TASKS
☐ _____
☐ _____
☐ _____
☐ _____
☐ _____

SCHEDULE

6am _____
7 _____
8 _____
9 _____
10 _____
11 _____
12pm _____
1 _____
2 _____
3 _____
4 _____
5 _____
6 _____
7 _____
8 _____
9 _____

Evening Release

Joyful Moment

Today my child made me smile when _____
_____

Releasing Steam

The most frustrating thing that happened today was _____
_____

Tomorrow I will handle this situation by _____
_____

See Into Me

When I was a child my favorite cartoon was _____ *and my child's favorite cartoon is* _____

Winning Everyday

Today I was able to accomplish _____
_____

Morning Jumpstart

DATE: _____ DAILY HABIT: _____

Affirmation

I AM GRATEFUL FOR:
1. _____
2. _____
3. _____

EXERCISE

I'M EXCITED TO EXPERIENCE:
1. _____ by myself
2. _____ with my kid(s)
3. _____ with my friend/partner

KID'S EXERCISE

GET IT DONE PRIORITIES

PERSONAL TASKS
- [ ] _____
- [ ] _____
- [ ] _____
- [ ] _____
- [ ] _____

KID'S TASKS
- [ ] _____
- [ ] _____
- [ ] _____
- [ ] _____
- [ ] _____

SCHEDULE
- 6am _____
- 7 _____
- 8 _____
- 9 _____
- 10 _____
- 11 _____
- 12pm _____
- 1 _____
- 2 _____
- 3 _____
- 4 _____
- 5 _____
- 6 _____
- 7 _____
- 8 _____
- 9 _____

Evening Release

Joyful Moment

Today my child made me smile when _____
_____

Releasing Steam

The most frustrating thing that happened today was _____
_____

Tomorrow I will handle this situation by _____
_____

See Into Me

When I was a child I would _____
to feel safe and my child does _____
to feel safe.

Winning Everyday

Today I was able to accomplish _____
_____

Morning Jumpstart

DATE: _____   DAILY HABIT: _____

Affirmation

I AM GRATEFUL FOR:
1. _____
   _____
2. _____
   _____
3. _____
   _____

EXERCISE

I'M EXCITED TO EXPERIENCE:
1. _____
   _____ by myself
2. _____
   _____ with my kid(s)
3. _____
   _____ with my friend/partner

KID'S EXERCISE

GET IT DONE PRIORITIES

PERSONAL TASKS
- ☐ _____
- ☐ _____
- ☐ _____
- ☐ _____
- ☐ _____

KID'S TASKS
- ☐ _____
- ☐ _____
- ☐ _____
- ☐ _____
- ☐ _____

SCHEDULE

6am _____
7 _____
8 _____
9 _____
10 _____
11 _____
12pm _____
1 _____
2 _____
3 _____
4 _____
5 _____
6 _____
7 _____
8 _____
9 _____

Evening Release

Joyful Moment

Today my child made me smile when _____
_____

Releasing Steam

The most frustrating thing that happened today was _____
_____

Tomorrow I will handle this situation by _____
_____

See Into Me

*When I was a child I didn't like to eat*_____
and my child doesn't like to eat _____

Winning Everyday

Today I was able to accomplish _____
_____

DATE:_____

Dance Off: Have a dance contest with your family. Who was the winner? What was the best part of this challenge?

___

ALL THE WAYS I ROCKED

- ☐ _____
- ☐ _____
- ☐ _____
- ☐ _____
- ☐ _____

> "Everything your child needs to be, everything they are meant to be and everything that they are supposed to be: They already are and so are you."

ASHIA ERVIN

Morning Jumpstart

DATE:_____   DAILY HABIT: _____

Affirmation

I AM GRATEFUL FOR:
1. _____
2. _____
3. _____

EXERCISE

I'M EXCITED TO EXPERIENCE:
1. _____
   _____ by myself
2. _____
   _____ with my kid(s)
3. _____
   _____ with my friend/partner

KID'S EXERCISE

GET IT DONE PRIORITIES

PERSONAL TASKS
- [ ] _____
- [ ] _____
- [ ] _____
- [ ] _____
- [ ] _____

KID'S TASKS
- [ ] _____
- [ ] _____
- [ ] _____
- [ ] _____
- [ ] _____

SCHEDULE

6am _____
7 _____
8 _____
9 _____
10 _____
11 _____
12pm _____
1 _____
2 _____
3 _____
4 _____
5 _____
6 _____
7 _____
8 _____
9 _____

Evening Release

Joyful Moment

Today my child made me smile when _____
_____

Releasing Steam

The most frustrating thing that happened today was _____
_____

Tomorrow I will handle this situation by _____
_____

See Into Me

When I was a child my favorite teacher was _____
because _____ *and my*
child's favorite teacher is _____

Winning Everyday

Today I was able to accomplish _____
_____

LAST WEEK REVIEW

"Smiling lights up the soul and lessens the weight of the day."

When you think about last week what are the 3 accomplishments that made you excited and joyful.
1._____
2._____
3._____

This week I shared a moment with my kids and appreciated that they…
1._____
2._____
3._____

Next week I will do these 3 things to accomplish my goals…
1._____
2._____
3._____

Weekly Goals

DATE: _____

FAMILY MANTRA: _____

Four corners of my life

SELF CARE:

WORK:

RELATIONSHIP:

HEALTH:

Child's corner of the world

ACADEMIC:

FITNESS/HEALTH:

SOCIAL:

MY CHILD LOVES:

This week I will try to _____

The habit I am focusing on this week is _____
_____

This week I am excited about _____
_____

As a family we will _____

WEEKLY ADVENTURE

Morning Jumpstart

DATE: _____   DAILY HABIT: _____

Affirmation

I AM GRATEFUL FOR:
1. _____
   _____
2. _____
   _____
3. _____
   _____

EXERCISE

I'M EXCITED TO EXPERIENCE:
1. _____
   _____ by myself
2. _____
   _____ with my kid(s)
3. _____
   _____ with my friend/partner

KID'S EXERCISE

GET IT DONE PRIORITIES

PERSONAL TASKS
☐ _____
☐ _____
☐ _____
☐ _____
☐ _____

KID'S TASKS
☐ _____
☐ _____
☐ _____
☐ _____
☐ _____

SCHEDULE
6am _____
7 _____
8 _____
9 _____
10 _____
11 _____
12pm _____
1 _____
2 _____
3 _____
4 _____
5 _____
6 _____
7 _____
8 _____
9 _____

Evening Release

Joyful Moment

Today my child made me smile when _____
_____

Releasing Steam

The most frustrating thing that happened today was _____
_____

Tomorrow I will handle this situation by _____
_____

See Into Me

When I was a child my favorite place to go was _____
_____ *and my child's favorite place to go is* _____
_____

Winning Everyday

Today I was able to accomplish _____
_____

Morning Jumpstart

DATE: _____   DAILY HABIT: _____

Affirmation

I AM GRATEFUL FOR:
1. _____
2. _____
3. _____

EXERCISE

I'M EXCITED TO EXPERIENCE:
1. _____ by myself
2. _____ with my kid(s)
3. _____ with my friend/partner

KID'S EXERCISE

GET IT DONE PRIORITIES

PERSONAL TASKS
- ☐ _____
- ☐ _____
- ☐ _____
- ☐ _____
- ☐ _____

KID'S TASKS
- ☐ _____
- ☐ _____
- ☐ _____
- ☐ _____
- ☐ _____

SCHEDULE

6am _____
7 _____
8 _____
9 _____
10 _____
11 _____
12pm _____
1 _____
2 _____
3 _____
4 _____
5 _____
6 _____
7 _____
8 _____
9 _____

Evening Release

Joyful Moment

Today my child made me smile when _____
_____

Releasing Steam

The most frustrating thing that happened today was _____
_____

Tomorrow I will handle this situation by _____
_____

See Into Me

When I was a child my favorite color was _____
because _____ *and my child's favorite color is* _____

Winning Everyday

Today I was able to accomplish _____
_____

Morning Jumpstart

DATE: _____   DAILY HABIT: _____

Affirmation

I AM GRATEFUL FOR:

1. _____
   _____
2. _____
   _____
3. _____
   _____

EXERCISE

I'M EXCITED TO EXPERIENCE:

1. _____
   _____ by myself
2. _____
   _____ with my kid(s)
3. _____
   _____ with my friend/partner

KID'S EXERCISE

GET IT DONE PRIORITIES

PERSONAL TASKS
- ☐ _____
- ☐ _____
- ☐ _____
- ☐ _____
- ☐ _____

KID'S TASKS
- ☐ _____
- ☐ _____
- ☐ _____
- ☐ _____
- ☐ _____

SCHEDULE

6am _____
7 _____
8 _____
9 _____
10 _____
11 _____
12pm _____
1 _____
2 _____
3 _____
4 _____
5 _____
6 _____
7 _____
8 _____
9 _____

Evening Release

Joyful Moment

Today my child made me smile when _____
_____

Releasing Steam

The most frustrating thing that happened today was _____
_____

Tomorrow I will handle this situation by _____
_____

See Into Me

When I was a child I wanted to learn how to _____
_____ *and my child would like to learn how to* _____
_____

Winning Everyday

Today I was able to accomplish _____
_____

DATE:_____

Bring the Laughter: Listen to a comedic recording or podcast. Laughter heals and lightens the soul. Reflect below.

_____
_____
_____
_____
_____
_____
_____
_____
_____
_____
_____
_____
_____
_____
_____
_____
_____
_____

ALL THE WAYS I ROCKED

☐ _____
☐ _____
☐ _____
☐ _____
☐ _____

> "It's not selfish to Love yourself. Take care of yourself & to make your happiness a priority. It's necessary."
> — MANDY HALE

Morning Jumpstart

DATE: _____ DAILY HABIT: _____

Affirmation

I AM GRATEFUL FOR:
1. _____
   _____
2. _____
   _____
3. _____
   _____

EXERCISE

I'M EXCITED TO EXPERIENCE:
1. _____
   _____ by myself
2. _____
   _____ with my kid(s)
3. _____
   _____ with my friend/partner

KID'S EXERCISE

GET IT DONE PRIORITIES

PERSONAL TASKS
- ☐ _____
- ☐ _____
- ☐ _____
- ☐ _____
- ☐ _____

KID'S TASKS
- ☐ _____
- ☐ _____
- ☐ _____
- ☐ _____
- ☐ _____

SCHEDULE
- 6am _____
- 7 _____
- 8 _____
- 9 _____
- 10 _____
- 11 _____
- 12pm _____
- 1 _____
- 2 _____
- 3 _____
- 4 _____
- 5 _____
- 6 _____
- 7 _____
- 8 _____
- 9 _____

Evening Release

Joyful Moment

Today my child made me smile when _____
_____

Releasing Steam

The most frustrating thing that happened today was _____
_____

Tomorrow I will handle this situation by _____
_____

See Into Me

When I was a child my favorite holiday was _____
because _____ *and my child's*
favorite holiday is _____

Winning Everyday

Today I was able to accomplish _____
_____

Morning Jumpstart

DATE: _____   DAILY HABIT: _____

Affirmation

I AM GRATEFUL FOR:
1. _____
   _____
2. _____
   _____
3. _____
   _____

EXERCISE

I'M EXCITED TO EXPERIENCE:
1. _____
   _____ by myself
2. _____
   _____ with my kid(s)
3. _____
   _____ with my friend/partner

KID'S EXERCISE

GET IT DONE PRIORITIES

PERSONAL TASKS
- ☐ _____
- ☐ _____
- ☐ _____
- ☐ _____
- ☐ _____

KID'S TASKS
- ☐ _____
- ☐ _____
- ☐ _____
- ☐ _____
- ☐ _____

SCHEDULE
- 6am _____
- 7 _____
- 8 _____
- 9 _____
- 10 _____
- 11 _____
- 12pm _____
- 1 _____
- 2 _____
- 3 _____
- 4 _____
- 5 _____
- 6 _____
- 7 _____
- 8 _____
- 9 _____

Evening Release

Joyful Moment

Today my child made me smile when _____
_____

Releasing Steam

The most frustrating thing that happened today was _____
_____

Tomorrow I will handle this situation by _____
_____

See Into Me

When I was a child, I loved _____
music because it made me feel _____ *and my child loves*
_____

Winning Everyday

Today I was able to accomplish _____
_____

Morning Jumpstart

DATE: _____   DAILY HABIT: _____

Affirmation

I AM GRATEFUL FOR:
1. _____
   _____
2. _____
   _____
3. _____
   _____

EXERCISE

I'M EXCITED TO EXPERIENCE:
1. _____
   _____ by myself
2. _____
   _____ with my kid(s)
3. _____
   _____ with my friend/partner

KID'S EXERCISE

GET IT DONE PRIORITIES

PERSONAL TASKS
- ☐ _____
- ☐ _____
- ☐ _____
- ☐ _____
- ☐ _____

KID'S TASKS
- ☐ _____
- ☐ _____
- ☐ _____
- ☐ _____
- ☐ _____

SCHEDULE

6am _____
7 _____
8 _____
9 _____
10 _____
11 _____
12pm _____
1 _____
2 _____
3 _____
4 _____
5 _____
6 _____
7 _____
8 _____
9 _____

Evening Release

Joyful Moment

Today my child made me smile when _____
_____

Releasing Steam

The most frustrating thing that happened today was _____
_____

Tomorrow I will handle this situation by _____
_____

See Into Me

Today I realize that when I was a child I felt _____
_____ *and as an adult I'd love to feel* _____

Winning Everyday

Today I was able to accomplish _____
_____

DATE:_____

Children's Choice: This week the kid(s) get to pick our family activity. What did they choose? Did you enjoy yourself?

___

ALL THE WAYS I ROCKED

☐ _____
☐ _____
☐ _____
☐ _____
☐ _____

" The parenting journey holds the potential to be a spiritually regenerative experience for both parent and child, where every moment is a meeting of the spirits, and both parent and child appreciate that each dances on a spiritual path that's unique, holding hands and yet alone. " DR. SHEFALI TSABARY

Morning Jumpstart

DATE: _____ DAILY HABIT: _____

Affirmation

I AM GRATEFUL FOR:
1. _____
2. _____
3. _____

EXERCISE

I'M EXCITED TO EXPERIENCE:
1. _____ by myself
2. _____ with my kid(s)
3. _____ with my friend/partner

KID'S EXERCISE

GET IT DONE PRIORITIES

PERSONAL TASKS
- ☐ _____
- ☐ _____
- ☐ _____
- ☐ _____
- ☐ _____

KID'S TASKS
- ☐ _____
- ☐ _____
- ☐ _____
- ☐ _____
- ☐ _____

SCHEDULE
- 6am _____
- 7 _____
- 8 _____
- 9 _____
- 10 _____
- 11 _____
- 12pm _____
- 1 _____
- 2 _____
- 3 _____
- 4 _____
- 5 _____
- 6 _____
- 7 _____
- 8 _____
- 9 _____

Evening Release

Joyful Moment

Today my child made me smile when _____
_____

Releasing Steam

The most frustrating thing that happened today was _____
_____

Tomorrow I will handle this situation by _____
_____

See Into Me

When I was a child my favorite song was _____ *and my child's favorite song is* _____

Winning Everyday

Today I was able to accomplish _____
_____

LAST WEEK REVIEW

"Life doesn't happen to us, but happens with us." ~ *Shefali Tsabary"*

When you think about last week what are the 3 accomplishments that made you excited and joyful.
1. _____
2. _____
3. _____

This week I shared a moment with my kids and appreciated that they…
1. _____
2. _____
3. _____

Next week I will do these 3 things to accomplish my goals…
1. _____
2. _____
3. _____

Habit Tracker

"It takes 30 days to form a habit"

Activity: Review your month and check off the times that you have completed your chosen habit. The more days you are able to check, know you are getting closer to your goal.

Month 1

Sunday	Monday	Tuesday	Wednesday	Thursday	Friday	Saturday

Month 2

Sunday	Monday	Tuesday	Wednesday	Thursday	Friday	Saturday

Month 3

Sunday	Monday	Tuesday	Wednesday	Thursday	Friday	Saturday

Congratulations

"You have completed three months of family journaling and planning. Let's take a moment to bask in your AWESOMENESS."

I completed the daily habit _____ days out of 90 days. (Remember focus on how you've grown from yesterday)

I completed _____ challenges out of 24. I feel _____ when I reflect on how each one made me feel.

I discovered _____ about myself and will show myself love by _____.

I connected with my friends, family, or spouse _____ times.

I completed _____ goals for myself.

I completed the See Into Me journal prompts _____ times out of 90.

I learned _____ about my children.

My child and I completed _____ goals.

Mission

Your Mission if you choose to accept:

- Continue to show yourself love daily

- Create family moments

- See Into Your Child

- Create time to nurture your dreams

- Plan for another 90 days with the Joyful Family Planner

Remember change comes in small doses that has to be practiced every day.

"Never Give Up! Never Surrender." – Galaxy Quest

Genie Dawkins
PARENT COACH

Join our Joyful Family Planner community at
WWW.JOYFULFAMILYPLANNER.COM
for support, ideas, and surprises.
I can't wait to see you there!

www.ingramcontent.com/pod-product-compliance
Lightning Source LLC
Chambersburg PA
CBHW062026290426
44108CB00025B/2790